U1018895

民间非营利组织会计人员学习培训丛书（之一）

民间非营利组织会计制度

（含新旧对照）

民间非营利组织会计实务研究组 编

中国财经出版传媒集团
中国财政经济出版社
·北京·

图书在版编目（CIP）数据

民间非营利组织会计制度：含新旧对照 / 民间非营利组织会计实务研究组编 . -- 北京：中国财政经济出版社，2025. 3. --（民间非营利组织会计人员学习培训丛书）. -- ISBN 978-7-5223-3745-6

Ⅰ. F233.2

中国国家版本馆CIP数据核字第2025BV9519号

责任编辑：尉　敏　　　　责任印制：史大鹏

封面设计：卜建辰

民间非营利组织会计制度（含新旧对照）

MINJIAN FEIYINGLI ZUZHI KUAIJI ZHIDU（HAN XINJIU DUIZHAO）

中国财政经济出版社 出版

URL：http：//www.cfeph.cn

E-mail：cfeph @cfeph.cn

（版权所有　翻印必究）

社址：北京市海淀区阜成路甲28号　邮政编码：100142

营销中心电话：010-88191522

天猫网店：中国财政经济出版社旗舰店

网址：https：//zgczjjcbs.tmall.com

涿州汇美亿浓印刷有限公司印刷　各地新华书店经销

成品尺寸：170mm × 240mm　16开　15.5印张　228 000字

2025年3月第1版　2025年3月河北第1次印刷

定价：68.00元

ISBN 978-7-5223-3745-6

（图书出现印装问题，本社负责调换，电话：010-88190548）

本社图书质量投诉电话：010-88190744

打击盗版举报热线：010-88191661　QQ：2242791300

目 录

CONTENTS

关于印发《民间非营利组织会计制度》的通知

财会〔2024〕25号

国务院有关部委、有关直属机构，各省、自治区、直辖市、计划单列市财政厅（局），新疆生产建设兵团财政局，有关单位：

为规范民间非营利组织的会计核算，提高会计信息质量，根据《中华人民共和国会计法》等有关规定，我们对《民间非营利组织会计制度》（财会〔2004〕7号）进行了修订，现将修订后的《民间非营利组织会计制度》印发，自2026年1月1日起施行。

附件：民间非营利组织会计制度

财政部

2024年12月20日

民间非营利组织会计制度

第一章　总　则

第一条　为了规范民间非营利组织的会计核算，保证会计信息质量，根据《中华人民共和国会计法》及国家其他有关法律、行政法规的规定，制定本制度。

第二条　本制度适用于在中华人民共和国境内依法设立的符合本制度规定特征的民间非营利组织。国务院财政部门另有规定的，从其规定。

前款所称的民间非营利组织包括依照国家法律、行政法规登记的社会团体、基金会、社会服务机构、宗教活动场所、国际性社会团体、外国商会和境外非政府组织在中国境内依法登记设立的代表机构等组织。

适用本制度的民间非营利组织应当同时具备以下特征：

（一）为公益目的或者其他非营利目的成立；

（二）资源提供者向该组织投入资源不取得经济回报；

（三）资源提供者对该组织的财产不保留或享有任何财产权利。

第三条　会计核算应当以民间非营利组织的交易或者事项为对象，记录和反映该组织本身的各项经济业务事项。

第四条　会计核算应当以民间非营利组织的持续开展活动为前提。

第五条　会计核算应当划分会计期间，分期结算账目和编制财务会计报告。会计期间至少分为年度和月度。会计年度、月度等会计期间的起讫日期采用公历日期。

第六条　会计核算应当以人民币作为记账本位币。业务收支以人民币以外的货币为主的民间非营利组织，可以选定其中一种货币作为记账本位币，但是编制的财务会计报告应当折算为人民币。

民间非营利组织在核算外币业务时，应当设置相应的外币账户。外币账户包括外币现金、外币银行存款、以外币结算的债权和债务账户等，这些账户应当与非外币的各该相同账户分别设置，并分别核算。

民间非营利组织发生外币业务时，应当将有关外币金额折算为记账本位币金额记账。除另有规定外，所有与外币业务有关的账户，应当采用业务发生当日的即期汇率。

各种外币账户的外币余额，期末时应当按照期末的即期汇率折合为记账本位币。按照期末的即期汇率折合的记账本位币金额与账面记账本位币金额之间的差额，作为汇兑损益计入当期费用。但是，属于在借款费用应予资本化的期间内发生的与购建固定资产、无形资产等非流动资产有关的外币专门借款本金及其利息所产生的汇兑差额，应当予以资本化，计入固定资产、无形资产等非流动资产成本。借款费用应予资本化的期间依照本制度第三十八条加以确定。

本制度所称外币业务是指以记账本位币以外的货币进行的款项收付、往来结算等业务。

本制度所称的专门借款是指为购建固定资产、无形资产等非流动资产而专门借入的款项。

第七条 会计核算应当以权责发生制为基础。

第八条 民间非营利组织在会计核算时，应当遵循以下基本原则：

（一）会计核算应当以实际发生的交易或者事项为依据，如实反映民间非营利组织的财务状况、业务活动情况和现金流量等信息。

（二）会计核算所提供的信息应当能够满足会计信息使用者（如出资人、设立人、捐赠人、会员、监管者等）的需要。

（三）会计核算应当按照交易或者事项的实质进行，而不应当仅仅按照它们的法律形式作为其依据。

（四）会计政策前后各期应当保持一致，不得随意变更。如有必要变更，应当在会计报表附注中披露变更的内容和理由、变更的累积影响数等，累积影响数不能合理确定的，应当披露累积影响数不能合理确定的理由。

（五）会计核算应当按照规定的会计处理方法进行，会计信息应当口径一致、相互可比。

（六）会计核算应当及时进行，不得提前或延后。

（七）会计核算和编制的财务会计报告应当清晰明了，便于理解和使用。

（八）在会计核算中，所发生的费用应当和与其相关的收入相配比，同一会计期间内的各项收入和与其相关的费用，应当在该会计期间内确认。

（九）会计核算应当遵循谨慎性原则。

（十）会计核算应当合理划分应当计入当期费用的支出和应当予以资本化的支出。

（十一）会计核算应当遵循重要性原则，对资产、负债、净资产、收入、费用等有较大影响，并进而影响财务会计报告使用者据以做出合理判断的重要会计事项，必须按照规定的会计方法和程序进行处理，并在财务会计报告中予以充分披露；对于非重要的会计事项,在不影响会计信息真实性和不至于误导会计信息使用者做出正确判断的前提下，可适当简化处理。

第九条 会计记账应当采用借贷记账法。

第十条 会计记录的文字应当使用中文。在民族自治地区，会计记录可以同时使用当地通用的一种民族文字。国际性社会团体、外国商会、境外非政府组织在中国境内依法登记设立的代表机构等机构，可以同时使用一种外国文字记账。

第十一条 民间非营利组织可以根据有关会计法律、行政法规和本制度的规定，在不违反本制度的前提下，结合其具体情况，制定会计核算细则。

第十二条 民间非营利组织填制会计凭证、登记会计账簿、编制财务会计报告、管理会计档案等，按照《中华人民共和国会计法》、《会计基础工作规范》和《会计档案管理办法》等规定执行。

第十三条 民间非营利组织应当根据国家有关法律、行政法规等，结合本单位的业务活动特点，建立健全本单位内部会计监督制度，并将其纳入本单位内部控制制度，提高会计信息质量和管理水平。

第二章　资　产

第十四条　资产是过去的交易或者事项形成并由民间非营利组织拥有或者控制的资源，该资源预期会给民间非营利组织带来经济利益或者服务潜力。资产分为流动资产、非流动资产和受托代理资产，非流动资产包括长期投资、固定资产、无形资产等。

第十五条　对符合本制度第十四条规定的资产定义的资源，在同时满足以下条件时，应当确认为资产：

（一）与该资源有关的服务潜力很可能实现或者经济利益很可能流入民间非营利组织；

（二）该资源的成本或者价值能够可靠地计量。

符合资产定义并确认的资产项目，应当列入资产负债表。

第十六条　资产在取得时应当按照实际成本计量，但本制度有特别规定的，按照特别规定的计量基础进行计量。其后，资产账面价值的调整，应当按照本制度的规定执行；除法律、行政法规和国家统一的会计制度另有规定外，民间非营利组织一律不得自行调整资产账面价值。

第十七条　民间非营利组织应当定期或者至少于每年年度终了，对短期投资、应收款项、存货、长期投资等资产是否发生了减值进行检查，如果这些资产发生了减值，应当计提减值准备，确认减值损失，并计入当期费用。对于固定资产、无形资产等其他资产，如果发生了重大减值，也应当计提减值准备，确认减值损失，并计入当期费用。如果已计提减值准备的资产价值在以后会计期间得以恢复，则应当在该资产已计提减值准备的范围内部分或全部转回已确认的减值损失，冲减当期费用。

第十八条　对于民间非营利组织接受捐赠收到的现金资产，应当按照实际收到的金额入账。对于民间非营利组织接受捐赠收到的股权，应当按照民间非营利组织根据有关规定开具的捐赠票据等凭据金额入账。对于民间非营利组织接受捐赠收到的其他非现金资产，应当按照以下方法确定其入账价值：

（一）如果捐赠方提供了有关凭据（如发票、报关单、有关协议等）的，应当按照凭据上标明的金额作为入账价值。

（二）如果捐赠方没有提供有关凭据，或者凭据上标明的金额与受赠资产公允价值相差较大，受赠资产应当以其公允价值作为入账价值。

（三）对于民间非营利组织接受的固定资产、无形资产捐赠，如果捐赠方没有提供有关凭据，且有确凿的证据表明该资产的公允价值确实无法可靠计量，应当按照名义金额（即人民币1元）入账。对于民间非营利组织接受的文物资源捐赠，如果捐赠方没有提供有关凭据，应当按照名义金额入账。

（四）对于民间非营利组织接受的服务捐赠，如果捐赠方提供了发票等有关凭据，且凭据上标明的金额能够反映受赠服务的公允价值，民间非营利组织应当按照凭据金额入账，其他情况不予确认。

（五）民间非营利组织接受非现金资产捐赠时发生的应归属于其自身的相关税费、运输费等，应当计入筹资费用。

第十九条 本制度中所称的公允价值是指市场参与者在计量日发生的有序交易中，出售一项资产所能收到或者转移一项负债所需支付的价格。公允价值的确定顺序如下：

（一）如果同类或者类似资产存在活跃市场的，应当按照同类或者类似资产的市场价格确定公允价值。

本项所指的市场价格，一般指取得资产当日捐赠方自产物资的出厂价、捐赠方所销售物资的销售价、政府指导价、知名大型电商平台同类或者类似商品价格等。

（二）如果同类或类似资产不存在活跃市场，或者无法找到同类或者类似资产的，应当采用合理的计价方法确定资产的公允价值。

第二十条 民间非营利组织如发生非货币性交易，应当按照以下原则处理：

（一）以换出资产的公允价值，加上应支付的相关税费，作为换入资产的入账价值。

（二）非货币性交易中如果发生补价，应区别不同情况处理：

1.支付补价的，以换出资产的公允价值加上支付的补价和应支付的相关税费，作为换入资产的入账价值。换出资产的公允价值与其账面价值之间的差额计入当期损益。

有确凿证据表明换入资产的公允价值更加可靠的，以换入资产的公允价值和应支付的相关税费作为换入资产的初始计量金额，换入资产的公允价值减去支付补价的公允价值，与换出资产账面价值之间的差额计入当期损益。

2.收到补价的，以换出资产的公允价值减去收到的补价再加上应支付的相关税费，作为换入资产的入账价值。换出资产的公允价值与其账面价值之间的差额计入当期损益。

有确凿证据表明换入资产的公允价值更加可靠的，以换入资产的公允价值和应支付的相关税费作为换入资产的初始计量金额，换入资产的公允价值加上收到补价的公允价值，与换出资产账面价值之间的差额计入当期损益。

（三）在非货币性交易中，如果同时换入多项资产，应按换入各项资产的公允价值占换入资产公允价值总额的比例，对换出资产的公允价值总额和应支付的相关税费进行分配，以确定各项换入资产的入账价值。

本制度所称非货币性交易是指交易双方以非货币性资产进行的交换，该交换不涉及或只涉及少量的货币性资产（即补价）。其中，货币性资产是指民间非营利组织持有的货币资金和收取固定或可确定金额的货币资金的权利；非货币性资产是指货币性资产以外的资产。

第一节　流动资产

第二十一条　流动资产是指预期可在1年以内（含1年）变现或者耗用的资产，主要包括货币资金、短期投资、应收款项、预付账款、存货、待摊费用等。

第二十二条　货币资金包括现金、银行存款和其他货币资金。民间非营利组织应当设置现金和银行存款日记账，按照业务发生顺序逐日逐笔登记。有外币现金和存款的民间非营利组织，还应当分别按人民币和外币进行明细核算。

现金的核算应当做到日清月结，其账面余额必须与库存数相符；银行存款的账面余额应当与银行对账单定期核对，并与按月编制的银行存款余额调节表调节相符。

本制度所称的账面余额是指会计科目的账面实际余额，不扣除作为该科目备抵的项目（如累计折旧、资产减值准备等）。

第二十三条 短期投资是指能够随时变现并且持有时间不准备超过1年（含1年）的投资。

（一）短期投资在取得时应当按照投资成本计量。短期投资取得时的投资成本按以下方法确定：

1.以现金购入的短期投资，按照实际支付的全部价款，包括税金、手续费等相关税费作为其投资成本。实际支付的价款中包含的已宣告但尚未领取的现金股利或已到付息期但尚未领取的债券利息，应当作为应收款项单独核算，不构成短期投资成本。

2.接受捐赠的短期投资，按照本制度第十八条的规定确定其投资成本。

3.通过非货币性交易换入的短期投资，按照本制度第二十条的规定确定其投资成本。

（二）短期投资的利息或现金股利应当于实际收到时冲减投资的账面价值，但在购买时已计入应收款项的现金股利或者利息除外。

（三）期末，民间非营利组织应当按照本制度第十七条的规定对短期投资是否发生了减值进行检查。如果短期投资的市价低于其账面价值，应当按照市价低于账面价值的差额计提短期投资跌价准备，确认短期投资跌价损失并计入当期费用；如果短期投资的市价高于其账面价值，应当在该短期投资期初已计提跌价准备的范围内转回市价高于账面价值的差额，冲减当期费用。

（四）处置短期投资时，应当将实际取得价款与短期投资账面价值的差额确认为当期投资损益。

本制度所称的账面价值是指某会计科目的账面余额减去相关的备抵项目后的净额。

第二十四条 应收款项是指民间非营利组织在日常业务活动过程中发生

的各项应收未收债权，包括应收票据、应收账款和其他应收款等。

（一）应收款项应当按照实际发生额入账，并按照往来单位或个人等设置明细账，进行明细核算。

（二）期末，应当分析应收款项的可收回性，对预计可能产生的坏账损失计提坏账准备，确认坏账损失并计入当期费用。

第二十五条 预付账款是指民间非营利组织预付给商品供应单位或者服务提供单位的款项。

预付账款应当按照实际发生额入账，并按照往来单位或个人等设置明细账，进行明细核算。

第二十六条 存货是指民间非营利组织在日常业务活动中持有以备出售或捐赠的，或者为了出售或捐赠仍处在生产过程中的，或者将在生产、提供服务或日常管理过程中耗用的材料、物资、商品等。

（一）存货在取得时，应当以其实际成本入账。存货成本包括采购成本、加工成本和其他成本。其中，采购成本一般包括实际支付的采购价款、相关税费、运输费、装卸费、保险费以及其他可直接归属于存货采购的费用。加工成本包括直接人工以及按照合理方法分配的与存货加工有关的间接费用。其他成本是指除采购成本、加工成本以外的，使存货达到目前场所和状态所发生的其他支出。接受捐赠的存货，按照本制度第十八条的规定确定其成本。通过非货币性交易换入的存货，按照本制度第二十条的规定确定其成本。

（二）存货在发出时，应当根据实际情况采用个别计价法、先进先出法或者加权平均法，确定发出存货的实际成本。

（三）存货应当定期进行清查盘点，每年至少盘点一次。对于发生的盘盈、盘亏以及变质、毁损等存货，应当及时查明原因，并根据民间非营利组织的管理权限，经理事会或类似权力机构批准后，在期末结账前处理完毕。对于盘盈的存货，应当按照其公允价值入账，并确认为当期收入；对于盘亏或者毁损的存货，应先扣除残料价值、可以收回的保险赔偿和过失人的赔偿等，将净损失确认为当期费用。

（四）期末，民间非营利组织应当按照本制度第十七条的规定对存货是否发生了减值进行检查。如果存货的可变现净值低于其账面价值，应当按照可变现净值低于账面价值的差额计提存货跌价准备，确认存货跌价损失并计入当期费用；如果存货的可变现净值高于其账面价值，应当在该存货期初已计提跌价准备的范围内转回可变现净值高于账面价值的差额，冲减当期费用。

本制度所称的可变现净值是指在正常业务活动中，以存货的估计售价减去至完工将要发生的成本以及销售所必需的费用后的金额。

第二十七条　待摊费用是指民间非营利组织已经支出，但应当由本期和以后各期分别负担的、分摊期在1年以内（含1年）的各项费用，如预付保险费、预付租金等。

待摊费用应当按其受益期限在1年内分期平均摊销，计入有关费用。

第二节　长期投资

第二十八条　长期投资，是指除短期投资以外的投资，包括长期股权投资、长期债权投资和其他长期投资等。

第二十九条　长期股权投资应当按照以下原则进行会计处理。

（一）长期股权投资在取得时，应当按取得时的实际成本作为初始投资成本。初始投资成本按以下方法确定：

1.以现金购入的长期股权投资，按照实际支付的全部价款，包括税金、手续费等相关费用，作为初始投资成本。实际支付的价款中包含的已宣告但尚未领取的现金股利，应当作为应收款项单独核算，不构成初始投资成本。

2.接受捐赠的长期股权投资，按照本制度第十八条的规定，确定其初始投资成本。

3.通过非货币性交易换入的长期股权投资，按照本制度第二十条的规定确定其初始投资成本。

（二）长期股权投资应当采用成本法核算。

被投资单位经股东大会或者类似权力机构批准宣告发放的利润或现金股利，作为当期投资收益。被投资单位宣告分派的股票股利不作账务处理，但应当设置辅助账进行数量登记。

如果民间非营利组织对被投资单位具有控制、共同控制或重大影响，应当在会计报表附注中作相关披露。本制度所称的控制是指有权决定被投资单位的财务和经营政策，并能据以从该单位的经营活动中获得利益；本制度所称的共同控制，是指按合同约定对某项经济活动所共有的控制；本制度所称的重大影响，是指对被投资单位的财务和经营政策有参与决策的权力，但并不决定这些政策。对于接受股权捐赠形成的表决权、分红权与股权比例不一致的长期股权投资，民间非营利组织应当结合交易实质判断是否对被投资单位具有控制、共同控制或重大影响关系。

（三）处置长期股权投资时，应当将实际取得价款与投资账面价值的差额确认为当期投资损益。

第三十条 长期债权投资应当按照以下原则进行会计处理。

（一）长期债权投资在取得时，应当按取得时的实际成本作为初始投资成本。初始投资成本按以下方法确定：

1.以现金购入的长期债权投资，按照实际支付的全部价款，包括税金、手续费等相关费用，作为初始投资成本。实际支付的价款中包含的已到付息期但尚未领取的债券利息，应当作为应收款项单独核算，不构成初始投资成本。

2.接受捐赠取得的长期债权投资，按照本制度第十八条的规定确定其初始投资成本。

3.通过非货币性交易换入的长期债权投资，按照本制度第二十条的规定确定其初始投资成本。

（二）长期债权投资应当按照票面价值与票面利率按期计算确认利息收入。长期债券投资的初始投资成本与债券面值之间的差额，应当在债券存续期间，按照直线法于确认相关债券利息收入时予以摊销。

（三）持有可转换公司债券的民间非营利组织，可转换公司债券在转换为股份之前，应当按一般债券投资进行处理。当民间非营利组织行使转换权利，将其持有的债券投资转换为股份时，应当按其账面价值减去收到的现金后的余额，作为股权投资的初始投资成本。

（四）处置长期债权投资时，应当将实际取得价款与投资账面价值的差额，确认为当期投资损益。

第三十一条 其他长期投资应当按照以下原则进行会计处理。

（一）其他长期投资在取得时，应当按取得时的实际成本作为初始投资成本。初始投资成本按以下方法确定：

1.以现金购入的其他长期投资，按照实际支付的全部价款，包括税金、手续费等相关费用，作为初始投资成本。实际支付的价款中包含的已到期但尚未领取的收益，应当作为应收款项单独核算，不构成初始投资成本。

2.接受捐赠取得的其他长期投资，按照本制度第十八条的规定确定其初始投资成本。

3.通过非货币性交易换入的其他长期投资，按照本制度第二十条的规定确定其初始投资成本。

（二）其他长期投资在持有期间实际取得的分红、利息等现金收益，应当确认为投资收益。

（三）处置其他长期投资时，应当将实际取得价款与投资账面价值的差额，确认为当期投资损益。

第三十二条 民间非营利组织改变投资目的，将短期投资划转为长期投资，应当按短期投资的账面价值与市价孰低结转。

第三十三条 期末，民间非营利组织应当按照本制度第十七条的规定对长期投资是否发生了减值进行检查。如果长期投资的可收回金额低于其账面价值，应当按照可收回金额低于账面价值的差额计提长期投资减值准备，确认长期投资减值损失并计入当期费用；如果长期投资的可收回金额高于其账面价值，应当在该长期投资期初已计提减值准备的范围内转回可收回金额高于账面价值的差额，冲减当期费用。

本制度所称可收回金额是指资产的销售净价与预期从该资产的持续使用和使用寿命结束时的处置中形成的预计未来现金流量的现值两者之中的较高者，其中销售净价是指销售价值减资产处置费用后的余额。

第三节　固定资产

第三十四条　固定资产，是指同时具有以下特征的有形资产：

（一）为行政管理、提供服务、生产商品或者出租目的而持有的；

（二）预计使用年限超过1年；

（三）单位价值较高。

第三十五条　固定资产在取得时，应当按取得时的实际成本入账。取得时的实际成本包括买价、包装费、运输费、缴纳的有关税金等相关费用，以及为使固定资产达到预定可使用状态前所必要的支出。固定资产取得时的实际成本应当根据具体情况分别确定：

（一）外购的固定资产，按照实际支付的买价、相关税费以及为使固定资产达到预定可使用状态前所发生的可直接归属于该固定资产的其他支出（如运输费、安装费、装卸费等）确定其成本。

如果以一笔款项购入多项没有单独标价的固定资产，按各项固定资产公允价值的比例对总成本进行分配，分别确定各项固定资产的成本。

（二）自行建造的固定资产，按照建造该项资产达到预定可使用状态前所发生的全部必要支出确定其成本。

（三）接受捐赠的固定资产，应当按照本制度第十八条的规定确定其成本。

（四）通过非货币性交易换入的固定资产，按照本制度第二十条的规定确定其成本。

（五）融资租入的固定资产，按照租赁协议或者合同确定的价款、运输费、途中保险费、安装调试费以及融资租入固定资产达到预定可使用状态前发生的借款费用等确定其成本。

第三十六条　在建工程，包括施工前期准备、正在施工中的建筑工程、安装工程、技术改造工程等。工程项目较多且工程支出较大的，应当按照工程项目的性质分项核算。

第三十七条　在建工程应当按照所建造工程达到预定可使用状态前实际发生的全部必要支出确定其工程成本，并单独核算。在建工程的工程成本应当根据以下具体情况分别确定：

（一）对于自营工程，按照直接材料、直接人工、直接机械使用费等确定其成本。

（二）对于出包工程，按照应支付的工程价款等确定其成本。

第三十八条 为购建固定资产而发生的专门借款的借款费用在规定的允许资本化的期间内，应当按照专门借款的借款费用的实际发生额予以资本化，计入在建工程成本。这里的借款费用包括因借款而发生的利息、辅助费用以及因外币借款而发生的汇兑差额。

只有在以下三个条件同时具备时，因专门借款所发生的借款费用才允许开始资本化：

（一）资产支出已经发生；

（二）借款费用已经发生；

（三）为使资产达到预定可使用状态所必要的购建活动已经开始。

如果固定资产的购建活动发生非正常中断，并且中断时间连续超过3个月（含3个月），应当暂停借款费用的资本化，将中断期间内所发生的借款费用确认为当期费用，直至资产的购建活动重新开始。但是，如果中断是使购建的固定资产达到预定可使用状态所必要的程序，则借款费用的资本化应当继续进行。

当所购建的固定资产达到预定可使用状态时，应当停止借款费用的资本化，之后所发生的借款费用应当于发生时计入当期费用。通常所购建的固定资产达到以下状态时，应当视为所购建的固定资产已经达到预定可使用状态：

（一）固定资产的实体建造（包括安装）工作已经全部完成或者实质上已经完成；

（二）所购建的固定资产与设计要求或者合同要求相符或者基本相符，即使有极个别与设计或者合同要求不相符的地方，也不影响其正常使用；

（三）继续发生在所购建固定资产上的支出金额很少或者几乎不再发生。

第三十九条 所购建的固定资产已达到预定可使用状态时，应当自达到预定可使用状态之日起，将在建工程成本转入固定资产核算。

第四十条 民间非营利组织应当对固定资产计提折旧，在固定资产的预计使用寿命内系统地分摊固定资产的成本。

民间非营利组织应当根据固定资产的性质和消耗方式，合理地确定固定资产的预计使用年限和预计净残值。

民间非营利组织应当按照固定资产所含经济利益或者服务潜力的预期实现方式选择折旧方法，可选用的折旧方法包括年限平均法、工作量法、双倍余额递减法和年数总和法。折旧方法一经确定，不得随意变更。如果由于固定资产所含经济利益或者服务潜力预期实现方式发生重大改变而确实需要变更的，应当在会计报表附注中披露相关信息。

第四十一条 民间非营利组织应当按月提取折旧，当月增加的固定资产，当月计提折旧；当月减少的固定资产，当月不提折旧。

第四十二条 作为固定资产进行会计处理的图书档案、艺术品、标本模型、动植物和以名义金额计量的固定资产等不计提折旧。

第四十三条 与固定资产有关的后续支出，如果使可能流入民间非营利组织的经济利益或者服务潜力超过了原先的估计，如延长了固定资产的使用寿命，或者使服务质量实质性提高，或者使商品成本实质性降低，则应当计入固定资产账面价值，但其增计后的金额不应当超过该固定资产的可收回金额。其他后续支出，应当计入当期费用。

第四十四条 民间非营利组织由于出售、报废或者毁损等原因而发生的固定资产清理净损益，应当计入当期收入或者费用。

第四十五条 民间非营利组织对固定资产应当定期或者至少每年实地盘点一次。对盘盈、盘亏的固定资产，应当及时查明原因，写出书面报告，并根据管理权限经理事会或类似权力机构批准后，在期末结账前处理完毕。盘盈的固定资产应当按照其公允价值入账，并计入当期收入；盘亏的固定资产在减去过失人或者保险公司等赔款和残料价值之后计入当期费用。

第四十六条 民间非营利组织对固定资产的购建、出售、清理、报废和内部转移等都应当办理会计手续，并应当设置固定资产明细账（或者固定资产卡片）进行明细核算。

第四节　文物资源

第四十七条　按照《中华人民共和国文物保护法》等有关法律、行政法规规定被认定为文物的有形资产和尚未被认定为文物的古籍等藏品，作为文物资源单独核算。在资产负债表中，应当单列“文物资源”项目予以单独反映。

第四十八条　文物资源一般采用历史成本进行计量，无法取得历史成本的，按照名义金额计量。接受捐赠的文物资源，按照本制度第十八条的规定确定其成本。文物资源本体的修复修缮支出，在发生时计入费用。对于文物资源撤销退出等业务，在履行相关报批程序后，参照固定资产清理进行会计处理。

第四十九条　其他未纳入文物资源范围的图书档案、艺术品、标本模型等，应当按照存货、固定资产进行会计处理。

第五十条　文物资源不计提折旧。

第五节　无形资产

第五十一条　无形资产是指民间非营利组织为开展业务活动、出租给他人或为管理目的而持有的且没有实物形态的非货币性长期资产，包括专利权、非专利技术、商标权、著作权、土地使用权等。

第五十二条　民间非营利组织购入的不构成相关硬件不可缺少组成部分的软件，应当确认为无形资产。

第五十三条　无形资产在取得时，应当按照取得时的实际成本入账。

（一）购入的无形资产，按照实际支付的价款确定其实际成本。民间非营利组织委托软件公司开发的软件，视同外购无形资产确定其成本。

（二）自行开发并按法律程序申请取得的无形资产，按依法取得时发生的注册费、聘请律师费等费用，作为无形资产的实际成本。依法取得前，在研究与开发过程中发生的材料费用、直接参与开发人员的工资及福利费、开发过程中发生的租金、借款费用等直接计入当期费用。

（三）接受捐赠的无形资产，按照本制度第十八条的规定确定其实际成本。

（四）通过非货币性交易换入的无形资产，按照本制度第二十条的规定确定其实际成本。

第五十四条 民间非营利组织应当于取得或形成无形资产时合理确定其使用年限。无形资产的使用年限为有限的，应当估计该使用年限。无法预见无形资产为民间非营利组织产生服务潜力或者带来经济利益流入期限的，应当视为使用年限不确定的无形资产。使用年限不确定的无形资产不应摊销。

民间非营利组织应当对使用年限有限的无形资产进行摊销，但已摊销完毕仍继续使用的无形资产和以名义金额计量的无形资产除外。无形资产应当自取得当月起在预计使用年限内分期平均摊销，计入当期费用。

如预计使用年限超过了相关合同规定的受益年限或法律规定的有效年限，该无形资产的摊销年限按如下原则确定：

（一）合同规定了受益年限但法律没有规定有效年限的，摊销期不应超过合同规定的受益年限；

（二）合同没有规定受益年限但法律规定了有效年限的，摊销期不应超过法律规定的有效年限；

（三）合同规定了受益年限，法律也规定了有效年限的，摊销期不应超过受益年限和有效年限两者之中较短者。

如果合同没有规定受益年限，法律也没有规定有效年限的，摊销期不应超过10年。

第五十五条 民间非营利组织处置无形资产，应当将实际取得的价款与该项无形资产的账面价值之间的差额，计入当期收入或者费用。

第六节　长期待摊费用

第五十六条 长期待摊费用是民间非营利组织已经支出，但应由本期和以后各期负担的分摊期限在1年以上（不含1年）的各项支出，如对以经营租赁方式租入的固定资产发生的改良支出等。

第五十七条 长期待摊费用应当在对应资产的受益年限内平均摊销。如果某项长期待摊费用已经不能使民间非营利组织受益，应当将其摊余金额一次性计入当期费用。

第七节　受托代理资产

第五十八条　受托代理资产是指民间非营利组织接受委托方委托从事受托代理业务而收到的资产。在受托代理过程中，民间非营利组织通常只是从委托方收到受托资产，并按照委托人的意愿将资产转赠给指定的其他组织或者个人。民间非营利组织本身只是在委托代理过程中起中介作用，无权改变受托代理资产的用途或者变更受益人。

民间非营利组织应当对受托代理资产比照接受捐赠资产的原则进行确认和计量，但在确认一项受托代理资产时，应当同时确认一项受托代理负债。从事受托代理业务时发生的应归属于其自身的费用应当计入其他费用。

本制度所称的受托代理业务，是指有明确的转赠或者转交协议，或者虽然无协议但同时满足以下条件的业务：

（一）民间非营利组织在取得资产的同时即产生了向具体受益人转赠或转交资产的现时义务，不会导致自身净资产的增加。

（二）民间非营利组织仅起到中介而非主导发起作用，帮助委托人将资产转赠或转交给指定的受益人，并且没有权利改变受益人，也没有权利改变资产的用途。

（三）委托人已明确指出了具体受益人个人的姓名或受益单位的名称，包括从民间非营利组织提供的名单中指定一个或若干个受益人。

第三章　负　债

第五十九条　负债是指过去的交易或者事项形成的现时义务，履行该义务预期会导致含有经济利益或者服务潜力的资源流出民间非营利组织。负债分为流动负债、长期负债和受托代理负债等。

第六十条　对于符合本制度第五十九条规定的现时义务，在同时满足以下条件时，应当确认为负债：

（一）履行该义务很可能导致含有服务潜力或者经济利益的经济资源流出民间非营利组织；

（二）该义务的金额能够可靠计量。

符合负债定义并确认的负债项目，应当列入资产负债表。

第六十一条 或有事项是指过去的交易或者事项形成的一种状况，其结果须通过未来不确定事项的发生或不发生予以证实，未来事项是否发生不在民间非营利组织控制范围内。

如果与或有事项相关的义务同时符合以下条件，应当将其确认为负债，以清偿该负债所需支出的最佳估计数予以计量，并在资产负债表中单列项目予以反映：

（一）该义务是民间非营利组织承担的现时义务；

（二）该义务的履行很可能导致含有经济利益或者服务潜力的资源流出民间非营利组织；

（三）该义务的金额能够可靠地计量。

第六十二条 流动负债是指将在1年以内（含1年）偿还的负债，包括短期借款、应付款项、应付职工薪酬、应交税费、预收账款、预提费用等。

（一）短期借款是指民间非营利组织向银行或其他金融机构等借入的期限在1年以内（含1年）的各种借款。

（二）应付款项是指民间非营利组织在日常业务活动过程中发生的各项应付票据、应付账款和其他应付款等应付未付款项。

（三）应付职工薪酬是指民间非营利组织按照有关规定应付给本

组织职工及为职工支付的各种薪酬，包括职工工资、职工福利费、津贴补贴、奖金、社会保险费和住房公积金等。

（四）应交税费是指民间非营利组织应交未交的各种税费。

（五）预收账款是指民间非营利组织向服务和商品购买单位预收的各种款项。

（六）预提费用是指民间非营利组织预先提取的已经发生但尚未支付的费用，如预提的租金、保险费、借款利息等。

第六十三条 各项流动负债应当按实际发生额入账。

短期借款应当按照借款本金和确定的利率按期计提利息，计入当期费用。

第六十四条 长期负债是指偿还期限在1年以上（不含1年）的负债，包括长期借款、长期应付款、预计负债和其他长期负债。

（一）长期借款是指民间非营利组织向银行或其他金融机构等借入的期限在1年以上（不含1年）的各种借款。

（二）长期应付款主要是指民间非营利组织融资租入固定资产发生的应付租赁款。

（三）预计负债是指民间非营利组织对因或有事项所产生的现时义务而确认的负债。

（四）其他长期负债是指除长期借款、长期应付款和预计负债外的长期负债。

第六十五条 各项长期负债应当按实际发生额入账。

第六十六条 受托代理负债是指民间非营利组织因从事受托代理业务、接受受托代理资产而产生的负债。受托代理负债应当按照相对应的受托代理资产的金额予以确认和计量。

第四章 净资产

第六十七条 民间非营利组织的净资产是指资产减去负债后的余额。净资产应当按照其是否受到限制，分为限定性净资产和非限定性净资产。

如果资产或者资产所产生的经济利益（如资产的投资收益和利息等）的使用受到资产提供者或者国家有关法律、行政法规等所设置的时间限制或（和）用途限制，则由此形成的净资产即为限定性净资产，国家有关法律、行政法规等对净资产的使用直接设置限制的，该受限制的净资产亦为限定性净资产；除此之外的其他净资产，即为非限定性净资产。

本制度所称的限制，是指资产提供者或者国家有关法律、行政法规等所设置的，比民间非营利组织的宗旨、目的或章程等关于资产使用的要求更具体明确的限制。

本制度所称的时间限制，是指资产提供者或者国家有关法律、行政法规等要求民间非营利组织在收到资产后的特定时期之内或特定日期之后使用该项资产，或者对资产的使用设置了永久限制。

本制度所称的用途限制，是指资产提供者或者国家有关法律、行政法规等要求民间非营利组织将收到的资产用于某一特定的用途。

民间非营利组织的理事会或类似权力机构对净资产的使用所作的限定性决策、决议或拨款限额等，属于民间非营利组织内部管理上对资产使用所作的限制，不属于本制度所界定的限定性净资产。

第六十八条 如果资产或者资产所产生的经济利益的使用受到限制，使用时按照实际用于时间限制或用途限制的相关资产金额计入相关限定性费用，期末转入限定性净资产。

第六十九条 如果限定性净资产的限制已经完全解除，应当对净资产进行重新分类，将限定性净资产转为非限定性净资产。

当同时符合下列情况时，可以认为限制已经完全解除：

（一）设置的限制时间已经到期或时间限制已经解除；

（二）设置的用途限制已经解除。

第七十条 对于资产提供者或者国家有关法律、行政法规等撤销对限定性净资产所设置限制的，应当在撤销时全额转为非限定性净资产。

第七十一条 民间非营利组织取得的注册资金，其使用受到时间限制或（和）用途限制的，在取得时直接计入限定性净资产；其使用没有受到时间限制或（和）用途限制的，在取得时直接计入非限定性净资产。

民间非营利组织用净资产转增注册资金，不引起资产和净资产的变动，无需进行会计处理。

第五章 收 入

第七十二条 收入是指民间非营利组织开展业务活动取得的、导致本期净资产增加的经济利益或者服务潜力的流入。收入应当按其来源分为捐赠收入、会费收入、提供服务收入、政府补助收入、商品销售收入、投资收益、总部拨款收入等主要业务活动收入和其他收入等。民间非营利组织可以区分不同收入类型，按照项目、服务或业务大类进行核算和列报。

（一）捐赠收入是指民间非营利组织接受其他单位或者个人捐赠所取得的收入。

（二）会费收入是指民间非营利组织根据章程等的规定向会员收取的会费。

（三）提供服务收入是指民间非营利组织根据章程等的规定向其服务对象提供服务取得的收入，包括学费收入、医疗费收入、培训收入、承接政府购买服务收入等。

（四）政府补助收入是指民间非营利组织接受政府拨款或者政府机构给予的补助而取得的收入。该补助是无偿的，不需要向政府交付商品或服务等对价。

（五）商品销售收入是指民间非营利组织销售商品等所形成的收入。

（六）投资收益是指民间非营利组织因对外投资取得的投资净损益。

（七）总部拨款收入是指境外非政府组织代表机构从其总部取得的拨款收入。

民间非营利组织如果有除上述捐赠收入、会费收入、提供服务收入、政府补助收入、商品销售收入、投资收益、总部拨款收入之外的其他主要业务活动收入，也应当单独核算。

（八）其他收入，是指除上述主要业务活动收入以外的其他收入，如存款利息、固定资产处置净收入、无形资产处置净收入等。

第七十三条　民间非营利组织在确认收入时，应当区分交换交易所形成的收入和非交换交易所形成的收入。

（一）交换交易是指按照等价交换原则所从事的交易，即当某一主体取得资产、获得服务或者解除债务时，需要向交易对方支付等值或者大致等值的现金，或者提供等值或者大致等值的货物、服务等的交易。如按照等价交换原则销售商品、提供服务等均属于交换交易。

对于交换交易所形成的商品销售收入，应当在下列条件下同时满足时予以确认：

1.已将商品所有权上的主要风险和报酬转移给购货方；

2.既没有保留通常与所有权相联系的继续管理权，也没有对已售出的商品实施控制；

3.与交易相关的经济利益能够流入民间非营利组织；

4.相关的收入和成本能够可靠地计量。

对于交换交易所形成的提供服务收入，应当按以下规定予以确认：

1.在同一会计年度内开始并完成的服务，应当在完成服务时确认收入；

2.如果服务的开始和完成分属不同的会计年度，可以按完工进度或完成的工作量确认收入。

对于交换交易所形成的因让渡资产使用权而发生的收入应当在下列条件同时满足时予以确认：

1.与交易相关的经济利益能够流入民间非营利组织；

2.收入的金额能够可靠地计量。

（二）非交换交易是指除交换交易之外的交易。在非交换交易中，某一主体取得资产、获得服务或者解除债务时，不必向交易对方支付等值或者大致等值的现金，或者提供等值或者大致等值的货物、服务等；或者某一主体在对外提供货物、服务等时，没有收到等值或者大致等值的现金、货物等。如捐赠、政府补助等均属于非交换交易。

对于非交换交易所形成的收入，应当在同时满足下列条件时予以确认：

1.与交易相关的含有经济利益或者服务潜力的资源能够流入民间非营利组织并为其所控制，或者相关的债务能够得到解除；

2.交易能够引起净资产的增加；

3.收入的金额能够可靠地计量。

一般情况下，对于无条件的捐赠或政府补助，应当在捐赠或政府补助收到时确认收入；对于附条件的捐赠或政府补助，应当在取得捐赠资产或政府补助资产的控制权时确认收入。如果由于捐赠方或法律法规限制等民间非营利组织之外的原因存在需要偿还全部或部分捐赠资产或政府补助资产或者相应金额的现时义务时，应当根据需要偿还的金额，确认一项负债并相应冲减收入；如果由于民间非营利组织自身原因存在需要偿还全部或部分捐赠资产或者相应金额的现时义务时，应当根据需要偿还的金额，确认一项负债并计入当期费用。

第七十四条 民间非营利组织对于各项收入应当按是否存在限定区分为非限定性收入和限定性收入进行核算。

如果资产提供者对资产的使用设置了时间限制或（和）用途限制，则所确认的相关收入为限定性收入；除此之外的其他收入，为非限定性收入。

民间非营利组织的会费收入、提供服务收入、商品销售收入、投资收益、总部拨款收入等一般为非限定性收入，除非相关资产提供者对资产的使用设置了限制。民间非营利组织的捐赠收入和政府补助收入，应当视相关资产提供者对资产的使用是否设置了限制，分别记入限定性收入和非限定性收入进行核算。

第七十五条 期末，民间非营利组织应当将本期限定性收入和非限定性收入分别结转至净资产项下的限定性净资产和非限定性净资产。

第六章 费 用

第七十六条 费用是指民间非营利组织为开展业务活动所发生的、导致本期净资产减少的经济利益或者服务潜力的流出。费用应当按照其功能分为业务活动成本、税金及附加、管理费用、筹资费用、资产减值损失、所得税费用和其他费用等。

（一）业务活动成本，是指民间非营利组织为了实现其业务活动目标、开展其项目活动或者提供服务所发生的费用。如果民间非营利组织从事的项目、提供的服务或者开展的业务比较单一，可以将相关费用全部归集在“业务活动成本”项目下进行核算和列报；如果民间非营利组织从事的项目、提供的服务或者开展的业务种类较多，民间非营利组织应当在“业务活动成本”项目下分别项目、服务或者业务大类进行核算和列报。

（二）税金及附加，是指民间非营利组织业务活动发生的消费税、城市维护建设税、教育费附加、房产税、城镇土地使用税、车船税、印花税等相关税费。

（三）管理费用，是指民间非营利组织为组织和管理其业务活动所发生的各项费用，包括民间非营利组织理事会或者类似权力机构经费和行政管理人员的工资、奖金、福利费、住房公积金、住房补贴、社会保障费、残保金、离退休人员工资及补助，以及办公费、水电费、邮电费、物业管理费、差旅费、折旧费、修理费、租赁费、无形资产摊销费、资产盘亏损失、因预计负债所产生的损失、聘请中介机构费和因民间非营利组织自身原因应偿还的受赠资产或政府补助资产等。其中，福利费应当依法根据民间非营利组织的管理权限，按照理事会或类似权力机构等的规定据实列支。

（四）筹资费用，是指民间非营利组织为筹集业务活动所需资金而发生的费用，它包括民间非营利组织为了获得捐赠资产而发生的费用以及应当计入当期费用的借款费用、汇兑损失（减汇兑收益）等。民间非营利组织为了获得捐赠资产而发生的费用包括举办募款活动费、准备、印刷和发放募款宣传资料费以及其他与募款或者争取捐赠资产有关的费用。

（五）资产减值损失，是指民间非营利组织计提各项资产减值准备所形成的损失。

（六）所得税费用，是指有企业所得税缴纳义务的民间非营利组织按规定缴纳企业所得税所形成的费用。

（七）其他费用，是指民间非营利组织发生的、无法归属到上述费用中的费用，包括固定资产处置净损失、无形资产处置净损失等。

民间非营利组织的某些费用如果属于多项业务活动或者属于业务活动、管理活动和筹资活动等共同发生的，而且不能直接归属于某一类活动，应当将这些费用按照合理的方法在各项活动中进行分配。

第七十七条　民间非营利组织发生的业务活动成本、税金及附加、管理费用、筹资费用、资产减值损失、所得税费用和其他费用，应当在发生时按其发生额计入当期费用。

第七十八条　民间非营利组织对于各项费用应当按是否存在限定区分为非限定性费用和限定性费用进行核算。

如果资产提供者对资产的使用设置了时间限制或（和）用途限制，则所确认的相关费用为限定性费用；除此之外，为非限定性费用。

第七十九条 期末，民间非营利组织应当将本期限定性费用结转至净资产项下的限定性净资产，非限定性费用结转至净资产项下的非限定性净资产，作为净资产的减项。

第七章 财务会计报告

第八十条 财务会计报告是反映民间非营利组织某一特定日期的财务状况和某一会计期间的业务活动情况和现金流量等会计信息的书面文件。

第八十一条 财务会计报告分为年度财务会计报告和中期财务会计报告。以短于一个完整的会计年度的期间（如半年度、季度和月度）编制的财务会计报告称为中期财务会计报告。年度财务会计报告则是以整个会计年度为基础编制的财务会计报告。

第八十二条 财务会计报告由会计报表、会计报表附注和其他应当在财务会计报告中披露的相关信息和资料组成。民间非营利组织对外提供的财务会计报告的内容、会计报表的种类和格式、会计报表附注应予披露的主要内容等，由本制度规定；民间非营利组织内部管理需要的会计报表由单位自行规定。

民间非营利组织在编制中期财务会计报告时，应当采用与年度财务会计报告相一致的确认与计量原则。中期财务会计报告的内容相对于年度财务会计报告而言可以适当简化，但仍应包括与理解中期期末财务状况和中期业务活动情况及其现金流量相关的重要财务信息。

第八十三条 民间非营利组织采用的会计政策前后各期应当保持一致，不得随意变更，除非符合下列条件之一：

（一）法律或会计制度等行政法规、规章有明确要求；

（二）这种变更提供的会计信息能够更可靠、更相关地反映民间非营利组织的财务状况、业务活动情况和现金流量等。

民间非营利组织应当采用追溯调整法核算会计政策的变更，如果追溯调整法不可行，则应当采用未来适用法核算；如果相关法律或会计制度等另有规定，则应当按照相关规定进行核算。

会计政策，是指民间非营利组织在会计确认、计量和报告中所采用的原则、基础和会计处理方法。追溯调整法，是指对某项交易或者事项变更会计政策时，如同该交易或者事项初次发生时就开始采用新的会计政策，并以此对相关项目进行调整的方法。

第八十四条 资产负债表日至财务会计报告批准报出日之间发生的需要调整或说明的有利或不利事项，属于资产负债表日后事项。对于资产负债表日后事项，应当区分调整事项和非调整事项进行处理。

调整事项，是指资产负债表日后至财务会计报告批准报出日之间发生的，为资产负债表日已经存在的情况提供了新的或进一步证据，有助于对资产负债表日存在情况有关的金额作出重新估计的事项。民间非营利组织应当就调整事项，对资产负债表日所确认的相关资产、负债和净资产，以及资产负债表日所属期间的相关收入、费用等进行调整。

非调整事项，是指资产负债表日后至财务会计报告批准报出日之间才发生的，不影响资产负债表日的存在情况，但不加以说明将会影响财务会计报告使用者作出正确估计和决策的事项。民间非营利组织应当在会计报表附注中披露非调整事项的性质、内容，以及对财务状况和业务活动情况的影响。如无法估计其影响，应当说明理由。

第八十五条 民间非营利组织对会计估计变更应当采用未来适用法进行会计处理。

会计估计变更，是指由于资产和负债的当前状况及预期经济利益和义务发生了变化，从而对资产或负债的账面价值或者资产的定期消耗金额进行调整。未来适用法，是指将变更后的会计政策和会计估计应用于变更日及以后发生的交易或者事项，或者在会计差错发生或发现的当期更正差错的方法。

第八十六条 民间非营利组织本报告期发现的与前期相关的重大会计差错，如影响收入、费用的，应当按照其对收入、费用的影响数或者累积影响数调整发现当期期初的相关净资产项目，并调整其他相关项目的期初数；如不影响收入、费用的，应当调整发现当期相关项目的期初数。经上述调整后，视同该差错在差错发生的期间已经得到更正。

重大会计差错，是指民间非营利组织发现的使本期编制的报表不再具有可靠性的会计差错，一般是指差错的性质比较严重或者差错的金额比较大。该差错会影响报表使用者对民间非营利组织过去、现在或者未来的情况作出评价或者预测，则认为性质比较严重，如未遵循民间非营利组织会计制度、财务舞弊等原因产生的差错。通常情况下，导致差错的交易或者事项对报表某一具体项目的影响或者累积影响金额占该类交易或者事项对报表同一项目的影响金额的10%及以上，则认为金额比较大。民间非营利组织滥用会计政策、会计估计及其变更，应当作为重大会计差错予以更正。

本报告期发现的与前期相关的非重大会计差错，应当按照其影响数调整相关项目的本期数。

第八十七条 财务会计报告中的会计报表至少应当包括以下三张报表：

（一）资产负债表；

（二）业务活动表；

（三）现金流量表。

第八十八条 会计报表附注至少应当包括下列内容：

（一）会计报表编制基础及遵循民间非营利组织会计制度的声明。

（二）理事会或者类似权力机构成员和员工的数量、变动情况以及获得的薪金等报酬情况的说明。

（三）重要会计政策和会计估计及其变更情况的说明。

（四）分支机构、代表机构设立情况的说明，包括分支机构、代表机构名称、设立时间、负责人情况等。

（五）会计报表重要项目及其增减变动情况的说明。

（六）资产提供者设置了时间限制或（和）用途限制的相关资产情况的说明。

（七）受托代理业务情况的说明，包括受托代理资产的构成、计价基础和依据、用途等。

（八）重大资产减值情况的说明。

（九）公允价值无法可靠取得的受赠资产和其他资产的名称、数量、来源和用途等情况的说明。

（十）文物资源（包括按照名义金额计量的文物资源）类型、数量、来源等情况的说明。

（十一）对外承诺和或有事项情况的说明。

（十二）接受服务捐赠情况的说明。

（十三）长期股权投资中，对被投资单位持有股份情况的说明，包括名称、股份取得方式、认缴金额及出资时间、实缴金额及出资时间、持股比例情况等。

（十四）对被投资单位具有控制、共同控制或重大影响的长期股权投资情况的说明，包括对被投资单位的影响程度及变动情况、被投资单位当年实现的净利润或发生的净亏损（财务会计报告报出日前未获得被投资单位经审计的净利润或净亏损金额的，可按估计值披露，同时注明为估计值，并在下一年度财务会计报告中披露当年实际值）等。

（十五）担任慈善信托的委托人和受托人的情况，包括参与的所有慈善信托的设立、变更、终止、信托事务处理情况和财产状况等。

（十六）出资设立其他民间非营利组织情况的说明。

（十七）资产负债表日后非调整事项的说明。

（十八）发生关联方交易的说明，包括关联方关系的性质、交易类型及交易要素等。交易要素至少包括交易的金额，未结算项目的金额、条款和条件，未结算应收项目的坏账准备金额，定价政策等。

（十九）发生的重大差错更正的说明。

（二十）有助于理解和分析会计报表需要说明的其他事项。

第八十九条 本制度所称的关联方，是指一方控制、共同控制另一方或对另一方施加重大影响，以及两方或两方以上同受一方控制、共同控制或重大影响的相关各方。以下各方构成民间非营利组织的关联方：

（一）该民间非营利组织的设立人及其所属企业集团的其他成员单位；

（二）该民间非营利组织控制、共同控制或施加重大影响的企业；

（三）该民间非营利组织设立的其他民间非营利组织；

（四）由该民间非营利组织的出资人或设立人及其所属企业集团的其他成员单位共同控制或施加重大影响的企业；

（五）由该民间非营利组织的设立人及其所属企业集团的其他成员单位设立的其他民间非营利组织；

（六）该民间非营利组织的关键管理人员及与其关系密切的家庭成员。关键管理人员，是指有权力并负责计划、指挥和控制民间非营利组织活动的人员。与关键管理人员关系密切的家庭成员，是指在处理与该组织的交易时可能影响该个人或受该个人影响的家庭成员。关键管理人员一般包括：民间非营利组织负责人、理事、监事、分支（代表）机构负责人等；

（七）该民间非营利组织的关键管理人员或与其关系密切的家庭成员控制、共同控制或施加重大影响的企业；

（八）该民间非营利组织的关键管理人员或与其关系密切的家庭成员设立的其他民间非营利组织。

此外，以面向社会开展慈善活动为宗旨的民间非营利组织，与《中华人民共和国慈善法》所规定的主要捐赠人也构成关联方。

第九十条 本制度所称的关联方交易，是指关联方之间转移资源、服务或义务的行为，而不论是否收取价款。关联方交易的类型通常包括以下情况：购买或销售商品及其他资产、提供或接受服务、提供或接受捐赠、作为委托人设立慈善信托、作为受托人受托管理慈善信托、提供资金、租赁、代理、许可协议、代表民间非营利组织或由民间非营利组织代表另一方进行债务结算、关键管理人员薪酬等。

第九十一条 其他应当在财务会计报告中披露的相关信息和资料：

（一）民间非营利组织的登记情况、宗旨、组织结构以及人员配备等情况；

（二）民间非营利组织业务活动基本情况，年度计划和预算完成情况，产生差异的原因分析，下一会计期间业务活动计划和预算等；

（三）对民间非营利组织业务活动有重大影响的其他事项。

第九十二条 民间非营利组织的年度财务会计报告至少应当于年度终了后4个月内对外提供。如果民间非营利组织被要求对外提供中期财务会计报告的，应当在规定的时间内对外提供。

会计报表的填列，以人民币“元”为金额单位，“元”以下填至“分”。

第九十三条 民间非营利组织对外提供的财务会计报告应当依次编定页数，加具封面，装订成册，加盖公章。封面上应当注明：组织名称、组织登记证号、组织形式、地址、报表所属年度或者中期、报出日期，并由单位负责人和主管会计工作的负责人、会计机构负责人（会计主管人员）签名并盖章；设置总会计师的单位，还应当由总会计师签名并盖章。

第八章 附 则

第九十四条 本制度自2026年1月1日起施行。

第九十五条 2004年8月18日财政部印发的《财政部关于印发〈民间非营利组织会计制度〉的通知》（财会〔2004〕7号）、2020年6月15日财政部印发的《关于印发〈《民间非营利组织会计制度》若干问题的解释〉的通知》（财会〔2020〕9号）同时废止。

附录：

会计科目和会计报表

目 录

第一部分　总说明

一、本制度统一规定会计科目的编号，以便于编制会计凭证，登记会计账簿，查阅账目，实行会计信息化管理。对于本制度已规定的一级科目编号，民间非营利组织不得随意打乱重编。某些会计科目之间留有空号，供增设会计科目之用。

二、民间非营利组织应当按照本制度的规定，设置和使用会计科目。在不影响会计核算要求和会计报表指标汇总，以及对外提供统一的财务会计报告的前提下，可以根据实际情况自行增设、减少或合并某些会计科目。

明细科目的设置，除本制度已有规定外，在不违反统一会计核算要求的前提下，民间非营利组织可以根据需要自行确定。

三、对于会计科目名称，民间非营利组织可以根据本组织的具体情况，在不违背会计科目使用原则的基础上，确定适合于本组织的会计科目名称。

四、民间非营利组织在填制会计凭证、登记会计账簿时，应当填列会计科目的名称，或者同时填列会计科目的名称和编号，不得只填科目编号，不填列科目名称。

五、民间非营利组织应当根据本制度有关财务会计报告的编制基础、编制依据、编制原则和方法的要求，对外提供真实、完整的财务会计报告。民间非营利组织不得违反规定，随意改变财务会计报告的编制基础、编制依据、编制原则和方法，不得随意改变本制度规定的财务会计报告有关数据的会计口径。

六、民间非营利组织的年度和中期财务会计报告，至少应当反映两个年度或两个相关会计期间的比较数据。

第二部分　会计科目名称和编号

序 号	科目编号	名 称
一、资产类		
	1001	现金
	1002	银行存款
	1009	其他货币资金
	1101	短期投资
	1102	短期投资跌价准备
	1111	应收票据
	1121	应收账款
	1122	其他应收款
	1131	坏账准备
	1141	预付账款
	1201	存货
	1202	存货跌价准备
	1301	待摊费用
	1401	长期股权投资
	1402	长期债权投资
	1403	其他长期投资
	1421	长期投资减值准备
	1501	固定资产
	1502	累计折旧
	1505	在建工程
	1506	文物资源
	1509	固定资产清理

续表

序号	科目编号	名称
	1601	无形资产
	1602	累计摊销
	1701	长期待摊费用
	1801	受托代理资产
二、负债类		
	2101	短期借款
	2201	应付票据
	2202	应付账款
	2203	预收账款
	2204	应付职工薪酬
	2206	应交税费
	2209	其他应付款
	2301	预提费用
	2501	长期借款
	2502	长期应付款
	2503	预计负债
	2601	受托代理负债
三、净资产类		
	3101	非限定性净资产
	3102	限定性净资产
	3201	以前年度净资产调整
四、收入类		
	4101	捐赠收入
	4201	会费收入
	4301	提供服务收入

续表

序 号	科目编号	名 称
	4401	政府补助收入
	4501	商品销售收入
	4601	投资收益
	4701	总部拨款收入
	4901	其他收入
五、费用类		
	5101	业务活动成本
	5201	税金及附加
	5301	管理费用
	5401	筹资费用
	5501	资产减值损失
	5601	所得税费用
	5901	其他费用

第三部分　会计科目使用说明

一、资产类

1001现金

一、本科目核算民间非营利组织的库存现金。

二、民间非营利组织应当严格按照国家有关现金管理的规定收支现金，并严格按照本制度规定核算现金的各项收支业务。

三、现金收支的主要账务处理如下：

（一）从银行等金融机构提取现金，按照实际提取的金额，借记本科目，贷记“银行存款”科目；将现金存入银行等金融机构，按照实际存入的现金，借记“银行存款”科目，贷记本科目。

（二）因支付内部职工出差等原因借出的现金，按照实际借出的现金金额，借记“其他应收款”等科目，贷记本科目；收到出差人员交回的差旅费剩余款并结算时，按实际收回的现金金额，借记本科目，按应报销的金额，借记有关科目，按实际借出的现金金额，贷记“其他应收款”科目。

（三）因其他原因收到现金，借记本科目，贷记有关科目；支出现金，借记有关科目，贷记本科目。

四、民间非营利组织应当设置“现金日记账”，由出纳人员根据收付款凭证，按照业务发生顺序逐笔登记。每日终了，应当计算当日的现金收入合计数、现金支出合计数和结余数，并将结余数与实际库存数核对，做到账款相符。

五、每日终了结算现金收支、财产清查等发现的现金短缺或溢余，应当及时查明原因，并根据管理权限，报经批准后，在期末结账前处理完毕：

（一）如为现金短缺，属于应由责任人或保险公司赔偿的部分，借记“其他应收款”科目，贷记本科目；属于无法查明的其他原因的部分，借记

“管理费用”科目，贷记本科目。

（二）如为现金溢余，属于应支付给有关人员或单位的部分，借记本科目，贷记“其他应付款”科目；属于无法查明的其他原因的部分，借记本科目，贷记“其他收入”科目。

六、本科目期末借方余额，反映民间非营利组织实际持有的库存现金。

1002银行存款

一、本科目核算民间非营利组织存入银行或其他金融机构的存款。

民间非营利组织的外埠存款、银行本票存款、银行汇票存款、信用卡存款等在“其他货币资金”科目核算，不在本科目核算。

二、民间非营利组织应当严格按照国家有关支付结算办法，正确地进行银行存款收支业务的结算，并按照本制度规定核算银行存款的各项收支业务。

三、银行存款收支的主要账务处理如下：

（一）将款项存入银行或其他金融机构，借记本科目，贷记“现金”、“应收账款”、“捐赠收入”、“会费收入”等有关科目。

（二）提取和支出存款时，借记“现金”、“应付账款”、“业务活动成本”、“管理费用”等有关科目，贷记本科目。

（三）收到的存款利息，借记本科目，贷记“其他应收款”、“其他收入”等科目。但是，收到的属于在借款费用应予资本化的期间内发生的与购建固定资产专门借款有关的存款利息，借记本科目，贷记“其他应收款”、“在建工程”科目。

四、民间非营利组织发生外币业务的，应当按照业务发生当日的即期汇率，将外币金额折算为人民币金额记账，并登记外币金额和汇率。主要账务处理如下：

（一）以外币购入商品、设备、服务等，按照购入当日的即期汇率将支付的外币或应支付的外币折算为人民币金额，借记“固定资产”、“存货”等科目，贷记本科目、“现金”、“应付账款”等科目的外币账户。

（二）以外币销售商品、提供服务或者获得外币捐赠等，按照收入确认当日的即期汇率将收取的外币或应收取的外币折算为人民币金额，借记本科目、"应收账款"等科目的外币账户，贷记"捐赠收入"、"提供服务收入"、"商品销售收入"等科目。

（三）借入外币借款时，按照借入当日的即期汇率将借入款项折算为人民币金额，借记本科目的外币账户，贷记"短期借款"、"长期借款"等科目的外币账户；偿还外币借款时，按照偿还当日的即期汇率将偿还款项折算为人民币金额，借记"短期借款"、"长期借款"等科目的外币账户，贷记本科目的外币账户。

（四）发生外币兑换业务时，如为购入外币，按照购入当日的即期汇率将购入的外币折算为人民币金额，借记本科目的外币账户，按照实际支付的人民币金额，贷记本科目的人民币账户，两者之间的差额，借记或贷记"筹资费用"等科目；如为卖出外币，按照实际收到的人民币金额，借记本科目的人民币账户，按照卖出当日的即期汇率将卖出的外币折算为人民币金额，贷记本科目的外币账户，两者之间的差额，借记或贷记"筹资费用"等科目。

各种外币账户的外币余额，期末时应当按照期末的即期汇率折合为人民币。按照期末的即期汇率折合的人民币金额与账面人民币金额之间的差额，作为汇兑损益计入当期费用。但是，属于在借款费用应予资本化的期间内发生的与购建固定资产有关的外币专门借款本金及其利息所产生的汇兑差额，应当予以资本化，记入"在建工程"科目。

五、银行存款的收款凭证和付款凭证的填制日期和依据分别如下：

（一）采用支票方式。收款单位对于收到的支票，应填制进账单，并连同支票送交银行，根据银行盖章后退给收款单位的收款凭证联和有关的原始凭证编制收款凭证，或根据银行转来由签发人送交银行的支票后，经银行审查盖章的收款凭证联和有关的原始凭证编制收款凭证；付款单位对于付出的支票，应根据支票存根和有关原始凭证编制付款凭证。

（二）采用汇兑结算方式。收款单位对于汇入的款项，应在收到银行的收账通知时，据以编制收款凭证；付款单位对于汇出的款项，应在向银行办理汇款后，根据汇款回单编制付款凭证。

（三）采用银行汇票方式。收款单位应当将汇票、解讫通知和进账单送交银行，根据银行退回的进账单和有关的原始凭证编制收款凭证；付款单位应在收到银行签发的银行汇票后，根据“银行汇票申请书（存根联）”编制付款凭证。如有多余款项或因汇票超过付款期等原因而退款时，应根据银行的多余款收账通知编制收款凭证。

（四）采用商业汇票方式，应当分别商业承兑汇票和银行承兑汇票方式：

1.采用商业承兑汇票方式的，收款单位将要到期的商业承兑汇票连同填制的邮划或电划委托收款凭证，一并送交银行办理转账，根据银行的盖章后退回的收账通知，据以编制收款凭证；付款单位在收到银行的付款通知时，据以编制付款凭证。

2.采用银行承兑汇票方式的，收款单位将要到期的银行承兑汇票连同填制的邮划或电划委托收款凭证，一并送交银行办理转账，根据银行的收账通知，据以编制收款凭证；付款单位在收到银行的付款通知时，据以编制付款凭证。

收款单位将未到期的商业汇票向银行申请贴现时，应按规定填制贴现凭证，连同汇票一并送交银行，根据银行的收账通知，据以编制收款凭证。

（五）采用银行本票方式。收款单位按规定受理银行本票后，应将本票连同进账单送交银行办理转账，根据银行盖章后退回给收款单位的收款凭证联和有关原始凭证编制收款凭证；付款单位在填送“银行本票申请书”并将款项交存银行，收到银行签发的银行本票后，根据申请书存根联编制付款凭证。收款单位因银行本票超过付款期限或其他原因要求退款时，在交回本票和填制的进账单并经银行审核盖章后，根据银行退回给收款单位的收款凭证联编制收款凭证。

（六）采用委托收款结算方式。收款单位对于托收款项，根据银行的收账通知，据以编制收款凭证；付款单位在收到银行转来的委托收款凭证后，根据委托收款凭证的付款通知和有关的原始凭证，编制付款凭证。

（七）采用托收承付结算方式。收款单位对于托收款项，根据银行的收账通知和有关的原始凭证，据以编制收款凭证；付款单位对于承付的款项，应于承付时根据托收承付结算凭证的承付支款通知和有关发票账单等原始凭证，据以编制付款凭证。如拒绝付款，属于全部拒付的，不作账务处理；属于部分拒付的，付款部分按上述规定处理，拒付部分不作账务处理。

（八）以现金存入银行，应根据银行盖章后退回的交款回单及时编制现金付款凭证，据以登记“现金日记账”和“银行存款日记账”。向银行提取现金，根据支票存根编制银行存款付款凭证，据以登记“银行存款日记账”和“现金日记账”。

（九）收到的存款利息，根据银行通知及时编制收款凭证。

六、民间非营利组织应按开户银行和其他金融机构、存款种类等，分别设置“银行存款日记账”，由出纳人员根据收付款凭证，按照业务的发生顺序逐笔登记，每日终了应结出余额。“银行存款日记账”应定期与“银行对账单”核对，至少每月核对一次。月度终了，民间非营利组织账面余额与银行对账单余额之间如有差额，必须逐笔查明原因进行处理，并按月编制“银行存款余额调节表”调节相符。

七、民间非营利组织应加强对银行存款的管理，并定期对银行存款进行检查，如果有确凿证据表明存在银行或其他金融机构的款项已经部分或者全部不能收回的，应当将不能收回的金额确认为当期损失，冲减银行存款，借记“管理费用”科目，贷记本科目。

八、本科目期末借方余额，反映民间非营利组织实际存在银行或其他金融机构的款项。

1009其他货币资金

一、本科目核算民间非营利组织的外埠存款、银行汇票存款、银行本票存款、信用卡存款、信用证保证金存款、存出投资款（或者存入其他金融机构）、非银行支付机构网络支付账户余额等各种其他货币资金。

二、外埠存款，是指民间非营利组织到外地进行临时或零星采购时，汇往采购地银行开立采购专户的款项。民间非营利组织将款项委托当地银行汇往采购地开立专户时，借记本科目，贷记“银行存款”科目。收到采购员交来供应单位发票账单等报销凭证时，借记“存货”等科目，贷记本科目。将多余的外埠存款转回当地银行时，根据银行的收账通知，借记“银行存款”科目，贷记本科目。

三、银行汇票存款，是指民间非营利组织为取得银行汇票按规定存入银行的款项。民间非营利组织在填送“银行汇票申请书”并将款项交存银行，取得银行汇票后，根据银行盖章后退回的申请书存根联，借记本科目，贷记“银行存款”科目。民间非营利组织使用银行汇票后，根据发票账单等有关凭证，借记“存货”等科目，贷记本科目；如有多余款或因汇票超过付款期等原因而退回款项，根据开户行转来的银行汇票第四联（多余款收账通知），借记“银行存款”科目，贷记本科目。

四、银行本票存款，是指民间非营利组织为取得银行本票按规定存入银行的款项。民间非营利组织向银行提交“银行本票申请书”并将款项交存银行，取得银行本票后，根据银行盖章后退回的申请书存根联，借记本科目，贷记“银行存款”科目。民间非营利组织使用银行本票后，根据发票账单等有关凭证，借记“存货”等科目，贷记本科目。因本票超过付款期等原因而要求退款时，应当填制进账单一式两联，连同本票一并送交银行，根据银行盖章后退回的进账单第一联，借记“银行存款”科目，贷记本科目。

五、信用卡存款，是指民间非营利组织为取得信用卡按照规定存入银行的款项。民间非营利组织应按规定填制申请表，连同支票和有关资料一并送交发卡银行，根据银行盖章后退回的进账单第一联，借记本科目，贷记“银行存款”科目。民间非营利组织用信用卡购物或支付有关费用，借记有关科目，贷记本科目。民间非营利组织信用卡在使用过程中，需向其账户续存资金的，借记本科目，贷记“银行存款”科目。

六、信用证保证金存款，是指民间非营利组织为取得信用证按规定存入银行的保证金。民间非营利组织向银行交纳保证金，根据银行退回的进账单第一联，借记本科目，贷记“银行存款”科目。根据开证行交来的信用证来单通知书及有关单据列明的金额，借记“存货”等科目，贷记本科目和“银行存款”科目。

七、存出投资款，是指民间非营利组织存入证券公司但尚未进行投资的现金。民间非营利组织向证券公司划出资金时，应按实际划出的金额，借记本科目，贷记“银行存款”科目；购买股票、债券、基金等时，按实际发生的金额，借记“短期投资”等科目，贷记本科目。

八、非银行支付机构网络支付账户余额，是指民间非营利组织存入非银行支付机构网络支付账户的预付交易资金的余额。民间非营利组织向非银行支付机构网络支付账户存入资金时，应按实际存入的金额，借记本科目，贷记“银行存款”科目；使用余额进行网络支付时，借记“存货”、“业务活动成本”、“管理费用”等科目，贷记本科目。

九、本科目应设置“外埠存款”、“银行汇票”、“银行本票”、“信用卡存款”、“信用证保证金存款”、“存出投资款”、“非银行支付机构网络支付款”等明细科目，并按外埠存款的开户银行、银行汇票或本票的收款单位等设置明细账。

十、民间非营利组织应加强对其他货币资金的管理，及时办理结算，对于逾期尚未办理结算的银行汇票、银行本票等，应按规定及时转回，借记“银行存款”科目，贷记本科目。

十一、本科目期末借方余额，反映民间非营利组织实际持有的其他货币资金。

1101短期投资

一、本科目核算民间非营利组织持有的能够随时变现并且持有时间不准备超过1年（含1年）的投资。

本科目应当按照短期投资种类设置明细账，进行明细核算。

民间非营利组织如果有委托贷款或者委托投资（包括委托理财）且作为短期投资核算的，应当在本科目下单设明细科目核算。

二、短期投资的主要账务处理如下：

（一）短期投资在取得时应当按照投资成本计量，具体如下：

1.以现金购入的短期投资，按照实际支付的全部价款，包括税金、手续费等相关费用作为其投资成本，借记本科目，贷记“银行存款”等科目。

如果实际支付的价款中包含已宣告但尚未领取的现金股利或已到付息期但尚未领取的债券利息，则按照实际支付的全部价款减去其中已宣告但尚未领取的现金股利或已到付息期但尚未领取的债券利息后的金额作为短期投资成本，借记本科目，按照应领取的现金股利或债券利息，借记“其他应收款”科目，按照实际支付的全部价款，贷记“银行存款”等科目。

2.接受捐赠的短期投资，按照所确定的投资成本，借记本科目，贷记“捐赠收入”科目。

（二）收到被投资单位发放的利息或现金股利，按照实际收到的金额，借记“银行存款”等科目，贷记本科目。但是，实际收到在购买时已记入“其他应收款”科目的利息或现金股利时，借记“银行存款”等科目，贷记“其他应收款”科目。

持有股票期间所获得的股票股利，不作账务处理，但应在辅助账簿中登记所增加的股份。

（三）出售短期投资或到期收回债券本息，按照实际收到的金额，借记“银行存款”科目，按照已计提的减值准备，借记“短期投资跌价准备”科目，按照所出售或收回短期投资的账面余额，贷记本科目，按照未领取的现金股利或利息，贷记“其他应收款”科目，按照其差额，借记或贷记“投资收益”科目。

三、期末，民间非营利组织应当对短期投资是否发生了减值进行检查。如果短期投资的市价低于其账面价值，应当按照市价低于账面价值的差额计提短期投资跌价准备；如果短期投资的市价高于其账面价值，应当在该短期投资期初已计提跌价准备的范围内转回市价高于账面价值的差额。

四、本科目期末借方余额，反映民间非营利组织持有的各种短期投资的成本。

1102短期投资跌价准备

一、本科目核算民间非营利组织提取的短期投资跌价准备。

二、民间非营利组织应当定期或者至少于每年年度终了，对短期投资是否发生了减值进行检查，如果发生了减值，应当计提短期投资跌价准备。

如果已计提跌价准备的短期投资价值在以后期间得以恢复，则应当在已计提跌价准备的范围内部分或全部转回已确认的跌价损失，冲减当期费用。

三、短期投资跌价准备的主要账务处理如下：

（一）如果短期投资的期末市价低于账面价值，按照市价低于账面价值的差额，借记“资产减值损失——短期投资跌价损失”科目，贷记本科目。

（二）如果以前期间已计提跌价准备的短期投资的价值在当期得以恢复，即短期投资的期末市价高于账面价值，按照市价高于账面价值的差额，在原已计提跌价准备的范围内，借记本科目，贷记“资产减值损失——短期投资跌价损失”科目。

四、民间非营利组织出售或收回短期投资，或者以其他方式处置短期投资时，应当同时结转已计提的跌价准备。

五、本科目期末贷方余额，反映民间非营利组织已计提的短期投资跌价准备。

1111应收票据

一、本科目核算民间非营利组织因销售商品、提供服务等而收到的商业汇票，包括银行承兑汇票和商业承兑汇票。

二、应收票据的主要账务处理如下：

（一）因销售商品、提供服务等收到开出、承兑的商业汇票，按照应收票据的面值，借记本科目，贷记“商品销售收入”、“提供服务收入”等科目。

（二）收到应收票据以抵偿应收账款时，按照应收票据的面值，借记本科目，贷记“应收账款”科目。

（三）持未到期的应收票据向银行贴现，应当根据银行盖章后退回的贴现凭证第四联收账通知，按实际收到的金额（即减去贴现息后的净额），借记“银行存款”科目，按照应收票据的账面余额，贷记本科目，按照差额，借记“筹资费用”科目。

贴现的商业承兑汇票到期，因承兑人的银行账户不足支付，申请贴现的民间非营利组织收到银行退回的应收票据、支款通知和拒绝付款理由书或付款人未付票款通知书时，按照所付本息，借记“应收账款”科目，贷记“银行存款”科目；如果申请贴现的民间非营利组织的银行存款账户余额不足，银行作逾期贷款处理时，按照转作贷款的本息，借记“应收账款”科目，贷记“短期借款”科目。

（四）将持有的应收票据背书转让，已取得所需物资时，按照所取得物资应确认的成本，借记“存货”等科目，按照应收票据的账面余额，贷记本科目，按照实际收到或支付的银行存款等，借记或贷记“银行存款”等科目。

（五）应收票据到期时，应当分别情况处理：

1.收回应收票据，按照实际收到的金额，借记“银行存款”科目，按照应收票据的账面余额，贷记本科目。

2.因付款人无力支付票款，收到银行退回的商业承兑汇票、委托收款凭证、未付票款通知书或拒绝付款证明等，按照应收票据的账面余额，借记“应收账款”科目，贷记本科目。

（六）如果有确凿证据表明所持有的未到期应收票据不能够收回或收回的可能性不大时，按照应收票据账面余额，借记“应收账款”科目，贷记“应收票据”科目。

（七）如果应收票据为带息票据，应当在持有期间的期末、贴现、背书转让或票据到期时，按照带息应收票据的票面价值和确定的利率计提利息，计提的利息增加带息应收票据的账面余额，借记本科目，贷记“其他收入”科目。

到期不能收回的带息应收票据，转入“应收账款”科目核算后，期末不再计提利息，其所包含的利息，在有关备查簿中进行登记，待实际收到时计入其他收入，借记“银行存款”等科目，贷记“其他收入”科目。

三、民间非营利组织应当设置“应收票据备查簿”，逐笔登记每一应收票据的种类、号数和出票日期、票面金额、票面利率、交易合同号和付款人、承兑人、背书人的姓名或单位名称、到期日、背书转让日、贴现日期、贴现率和贴现净额、计提的利息，以及收款日期和收回金额、退票情况等，应收票据到期结清票款或退票后，应当在备查簿内逐笔注销。

四、本科目期末借方余额，反映民间非营利组织持有的商业汇票的票面价值和应计利息。

1121应收账款

一、本科目核算民间非营利组织因销售商品、提供服务等主要业务活动，应当向会员、购买单位或接受服务单位等收取的、但尚未实际收到的款项。

二、应收账款的主要账务处理如下：

（一）发生应收账款时，按照应收未收金额，借记本科目，贷记“会费收入”、“提供服务收入”、“商品销售收入”等科目。

（二）收回应收账款时，按照实际收到的款项金额，借记“银行存款”等科目，贷记本科目。

（三）如果应收账款改用商业汇票结算，在收到承兑的商业汇票时，按照票面价值，借记“应收票据”科目，贷记本科目。

三、民间非营利组织应当定期或者至少于每年年度终了，对应收账款进行全面检查，计提坏账准备。对于确实无法收回的应收账款应当及时查明原因，并根据管理权限，报经批准后，按照无法收回的应收账款金额，借记“坏账准备”科目，贷记本科目。

如果已转销的应收账款在以后期间又收回，按照实际收回的金额，借记本科目，贷记“坏账准备”科目；同时，借记“银行存款”科目，贷记本科目。

四、本科目应当按照债务人设置明细账，进行明细核算。

五、本科目期末借方余额，反映民间非营利组织尚未收回的应收账款。

1122其他应收款

一、本科目核算民间非营利组织除应收票据、应收账款以外的其他各项应收、暂付款项，包括应收股利、应收利息、应向职工收取的各种垫付款项、职工借款、应收保险公司赔款等。

二、其他应收款的主要账务处理如下：

（一）对外进行短期或长期股权投资应收取的现金股利：

1.购入股票时，如果实际支付的价款中包含已宣告但尚未领取的现金股利，按照实际支付的全部价款减去其中已宣告但尚未领取的现金股利后的金额，借记“短期投资”、“长期股权投资”科目，按照应当领取的现金股利，借记本科目，按照实际支付的价款，贷记“银行存款”等科目。

2.对外长期股权投资应分得的现金股利或利润，应当于被投资单位宣告发放现金股利或分派利润时，借记本科目，贷记“投资收益”科目。

3.实际收到的现金股利或利润，按照实际收到的金额，借记“银行存款”科目，贷记本科目。

（二）对外进行债权投资或其他投资应收取的利息（到期一次还本付息的长期债券投资应收取的利息，在“长期债权投资”、“其他长期投资”科目核算，不在本科目核算）：

1.购入债券投资或其他投资，如果实际支付的价款中包含已到付息期但尚未领取的利息，按照实际支付的全部价款减去其中已到付息期但尚未领取的利息后的金额，借记“短期投资”、“长期债权投资”、“其他长期投资”科目，按照应当领取的利息，借记本科目，按照实际支付的价款，贷记“银行存款”等科目。

2.分期付息、到期还本的投资以及分期付息的其他长期投资持有期间，已到付息期而应收未收的利息，应于确认投资收益时，按照应获得的利息，借记本科目，贷记“投资收益”科目。

3.实际收到的利息，按照实际收到的利息金额，借记“银行存款”科目，贷记本科目。

（三）发生的其他各项应收、暂付款项等，借记本科目，贷记“现金”、“银行存款”等科目；收回上述各项款项时，借记“现金”、“银行存款”等科目，贷记本科目。

三、民间非营利组织应当定期或者至少于每年年度终了，对其他应收款进行全面检查，计提坏账准备。对于确实无法收回的其他应收款应当及时查明原因，并根据管理权限，报经批准后，按照无法收回的其他应收款金额，借记“坏账准备”科目，贷记本科目。

如果已转销的其他应收款在以后期间又收回，按照实际收回的金额，借记本科目，贷记“坏账准备”科目；同时，借记“银行存款”科目，贷记本科目。

四、本科目应按其他应收款的项目进行分类，并按不同的债务人设置明细账，进行明细核算。

五、本科目期末借方余额，反映尚未收回的其他应收款。

1131 坏账准备

一、本科目核算民间非营利组织提取的坏账准备。

二、民间非营利组织应当定期或者至少于每年年度终了，对应收款项进行全面检查，分析其可收回性，对预计可能产生的坏账损失计提坏账准备，确认坏账损失并计入当期费用。当期应补提或冲减的坏账准备按照以下公式计算：

当期应补提或冲减的坏账准备＝当期按应收款项计算应计提的坏账准备金额－本科目期初贷方余额

三、坏账准备的主要账务处理：

（一）提取坏账准备时，借记“资产减值损失——坏账损失”科目，贷记本科目；冲减坏账准备时，借记本科目，贷记“资产减值损失——坏账损失”科目。

（二）对于确实无法收回的应收款项，应当及时查明原因，并根据管理权限，报经批准后，按照无法收回的应收账款金额，借记本科目，贷记“应收账款”、“其他应收款”等科目。

如果已确认并转销的应收款项在以后期间又收回，按照实际收回的金额，借记“应收账款”、“其他应收款”科目，贷记本科目；同时，借记“银行存款”科目，贷记“应收账款”、“其他应收款”科目。

四、本科目期末贷方余额，反映民间非营利组织已提取的坏账准备。

1141预付账款

一、本科目核算民间非营利组织预付给商品供应单位或者服务提供单位的款项。

二、预付账款的主要账务处理如下：

（一）因购货而预付款项时，按照实际预付的金额，借记本科目，贷记“银行存款”等科目。

（二）收到所购货物时，按照应确认所购货物成本的金额，借记“存货”等科目，按照本科目账面余额，贷记本科目，按照退回或补付的款项，借记或贷记“银行存款”等科目。

（三）如果有确凿证据表明预付账款并不符合预付款项性质，或者因供货单位破产、撤销等原因已无望再收到所购货物的，按照预付账款账面余额，借记“其他应收款”科目，贷记本科目。

三、民间非营利组织对其预付账款，一般不计提坏账准备。如果有确凿证据表明预付账款并不符合预付款项性质，或者因供货单位破产、撤销等原因已无望再收到所购货物的，应当先将其转入其他应收款，然后再按规定计提坏账准备。

四、本科目应按供应单位设置明细账，进行明细核算。

五、本科目期末借方余额，反映民间非营利组织实际预付的款项。

1201存货

一、本科目核算民间非营利组织在日常业务活动中持有以备出售或捐赠的，或者为了出售或捐赠仍处在生产过程中的，或者将在生产、提供服务或日常管理过程中耗用的材料、物资、商品等，包括材料、库存商品、委托加工材料，以及达不到固定资产标准的工具、器具等。

本科目应当按照存货的种类和存在形式设置明细账进行明细核算。

二、存货的主要账务处理如下：

（一）存货在取得时，应当以其成本入账，具体如下：

1.外购的存货，按照采购成本（一般包括实际支付的采购价格、相关税费、运输费、装卸费、保险费以及其他可直接归属于存货采购的费用），借记本科目，贷记“银行存款”、“应付账款”等科目。民间非营利组织可以根据需要在本科目下设置“材料”、“库存商品”等明细科目。

2.自行加工或委托加工完成的存货，按照采购成本、加工成本（包括直接人工以及按照合理方法分配的与存货加工有关的间接费用）和其他成本（指除采购成本、加工成本以外的，使存货达到目前场所和状态所发生的其他支出），借记本科目，贷记“银行存款”、“应付账款”、“应付职工薪酬”等科目。民间非营利组织可以根据实际情况，在本科目下设置“生产成本”等明细科目，归集相关成本。

3.接受捐赠的存货，按照所确定的成本，借记本科目，贷记“捐赠收入”科目。

（二）存货在发出时，应当根据实际情况采用个别计价法、先进先出法或者加权平均法，确定发出存货的实际成本，具体如下：

1.业务活动过程中领用存货，按照确定的成本，借记“管理费用”等科目，贷记本科目。

2.对外出售或捐赠存货，按照确定的出售存货成本，借记“业务活动成本”等科目，贷记本科目。

三、民间非营利组织的各种存货，应当定期进行清查盘点，每年至少盘点一次。对于发生的盘盈、盘亏以及变质、毁损等存货，应当及时查明原因，并根据管理权限，报经批准后，在期末结账前处理完毕：

（一）如为存货盘盈，按照其公允价值，借记本科目，贷记“其他收入”科目。

（二）如为存货盘亏或者毁损，按照存货账面价值扣除残料价值、可以收回的保险赔偿和过失人的赔偿等后的金额，借记“管理费用”科目，按照可以收回的保险赔偿和过失人赔偿等，借记“现金”、“银行存款”、“其他应收款”等科目，按照存货的账面余额，贷记本科目。

四、期末，民间非营利组织应当对存货是否发生了减值进行检查。如果存货的可变现净值低于其账面价值，应当按照可变现净值低于账面价值的差额计提存货跌价准备；如果存货的可变现净值高于其账面价值，应当在该存货期初已计提跌价准备的范围内转回可变现净值高于账面价值的差额。

五、本科目期末借方余额，反映存货实际库存价值。

1202存货跌价准备

一、本科目核算民间非营利组织提取的存货跌价准备。

二、民间非营利组织应当定期或者至少于每年年度终了，对存货是否发生了减值进行检查，如果发生了减值，应当计提存货跌价准备。

如果已计提跌价准备的存货价值在以后期间得以恢复，则应当在已计提跌价准备的范围内部分或全部转回已确认的跌价损失，冲减当期费用。

三、存货跌价准备的主要账务处理如下：

（一）如果存货的期末可变现净值低于账面价值，按照可变现净值低于账面价值的差额，借记“资产减值损失——存货跌价损失”科目，贷记本科目。

（二）如果以前期间已计提跌价准备的存货价值在当期得以恢复，即存货的期末可变现净值高于账面价值，按照可变现净值高于账面价值的差额，在原已计提跌价准备的范围内，借记本科目，贷记“资产减值损失——存货跌价损失”科目。

四、本科目期末贷方余额，反映民间非营利组织已计提的存货跌价准备。

1301待摊费用

一、本科目核算民间非营利组织已经支出，但应当由本期和以后各期分别负担的分摊期在1年以内（含1年）的各项费用，如预付保险费、预付租金等。

二、民间非营利组织的待摊费用应当按照其受益期限在1年内分期平均摊销，计入当期费用。如果某项待摊费用已经不能使民间非营利组织受益，应当将其摊余价值一次全部转入当期费用。

三、待摊费用的主要账务处理如下：

（一）发生待摊费用，如预付保险费、预付租金时，借记本科目，贷记“现金”、“银行存款”等科目。

（二）按照受益期限分期平均摊销时，借记“管理费用”等科目，贷记本科目。

四、本科目应当按照摊销费用种类设置明细账，进行明细核算。

五、本科目期末借方余额，反映民间非营利组织各种已支出但尚未摊销的费用。

1401长期股权投资

一、本科目核算民间非营利组织持有时间准备超过1年（不含1年）的各种股权性质的投资，包括长期股票投资和其他长期股权投资。

二、长期股权投资应当采用成本法核算。

三、长期股权投资的主要账务处理如下：

（一）长期股权投资在取得时，应当按照取得时的实际成本作为初始投资成本，具体如下：

1.以现金购入的长期股权投资，按照实际支付的全部价款，包括税金、手续费等相关费用作为其初始投资成本，借记本科目，贷记“银行存款”等科目。

如果实际支付的价款中包含已宣告但尚未领取的现金股利，则按照实际支付的全部价款减去其中已宣告但尚未领取的现金股利后的金额作为其初始投资成本，借记本科目，按照应领取的现金股利，借记“其他应收款”科目，按照实际支付的全部价款，贷记“银行存款”等科目。

2. 接受捐赠的长期股权投资，按照所确定的初始投资成本，借记本科目，贷记“捐赠收入”科目。

（二）长期股权投资持有期间，按照成本法核算。采用成本法核算时，除非追加（或收回）投资或者发生减值，长期股权投资的账面价值一般保持不变。

1. 被投资单位宣告发放现金股利或利润时，按照宣告发放的现金股利或利润中属于民间非营利组织应享有的部分，确认当期投资收益，借记“其他应收款”科目，贷记“投资收益”科目。

2. 实际收到现金股利或利润时，按照实际收到的金额，借记“银行存款”等科目，贷记“其他应收款”科目。

（三）处置长期股权投资时，按照实际取得的价款，借记“银行存款”等科目，按照已计提的减值准备，借记“长期投资减值准备”科目，按照所处置长期股权投资的账面余额，贷记本科目，按照尚未领取的已宣告发放的现金股利或利润，贷记“其他应收款”科目，按照其差额，借记或贷记“投资收益”科目。

（四）改变投资目的，将短期股权投资划转为长期股权投资，应当按短期股权投资的账面价值与市价孰低结转，并按此确定的价值作为长期股权投资的成本，借记本科目，按照已计提的相关短期投资跌价准备，借记“短期投资跌价准备”科目，按照原短期股权投资的账面余额，贷记“短期投资”科目，按照其差额，借记或贷记“投资收益”科目。

四、期末，民间非营利组织应当对长期股权投资是否发生了减值进行检查。如果长期股权投资的可收回金额低于其账面价值，应当按照可收回金额低于账面价值的差额计提长期投资减值准备；如果长期股权投资的可收回金额高于其账面价值，应当在该长期股权投资期初已计提减值准备的范围内转回可收回金额高于账面价值的差额。

五、本科目应当按照被投资单位设置明细账，进行明细核算。

六、本科目期末借方余额，反映民间非营利组织持有的长期股权投资的价值。

1402长期债权投资

一、本科目核算民间非营利组织购入的在1年以内（不含1年）不能变现或不准备随时变现的债券和其他债权投资。

二、民间非营利组织可以根据具体情况设置明细科目，进行明细核算，如：

（一）债券投资，下设明细科目：面值、溢价或折价、债券费用、应收利息等；

（二）可转换公司债券；

（三）其他债权投资。

三、长期债权投资的主要账务处理如下：

（一）长期债权投资在取得时，应当按照取得时的实际成本作为初始投资成本，具体如下：

1.以现金购入的长期债权投资，按照实际支付的全部价款，包括税金、手续费等相关费用作为其初始投资成本，借记本科目，贷记“银行存款”等科目。

如果实际支付的价款中包含已到付息日但尚未领取的债券利息，则按照实际支付的全部价款减去其中已到付息日但尚未领取的债券利息后的金额作为其初始投资成本，借记本科目，按照应领取的利息，借记“其他应收款”科目，按照实际支付的全部价款，贷记“银行存款”等科目。

2.接受捐赠的长期债权投资，按照所确定的初始投资成本，借记本科目，贷记“捐赠收入”科目。

（二）长期债权投资持有期间，应当按照票面价值与票面利率按期计算确认利息收入，如为到期一次还本付息的债券投资，借记本科目“债券投资（应收利息）”明细科目，贷记“投资收益”科目，如为分期付息、到期还本的债权投资，借记“其他应收款”科目，贷记“投资收益”科目。

长期债券投资的初始投资成本与债券面值之间的差额，应当在债券存续期间，按照直线法于确认相关债券利息收入时摊销。如初始投资成本高于债券面值，按照应当分摊的金额，借记“投资收益”科目，贷记本科目；如初始投资成本低于债券面值，按照应当分摊的金额，借记本科目，贷记“投资收益”科目。

（三）购入的可转换公司债券在转换为股份之前，应当按一般债券投资进行处理。可转换公司债券转换为股份时，按照所转换债券投资的账面价值减去收到的现金后的余额，借记“长期股权投资”科目，按照收到的现金等，借记“现金”、“银行存款”科目，按照所转换债券投资的账面价值，贷记本科目。

（四）处置长期债权投资时，按照实际取得的价款，借记“银行存款”等科目，按照已计提的减值准备，借记“长期投资减值准备”科目，按照所处置长期债权投资的账面余额，贷记本科目，按照未领取的债券利息，贷记本科目“债券投资（应收利息）”明细科目或“其他应收款”科目，按照其差额，借记或贷记“投资收益”科目。

（五）改变投资目的，将短期债权投资划转为长期债权投资，应当按短期债权投资的账面价值与市价孰低结转，并按此确定的价值作为长期债权投资的成本，借记本科目，按照已计提的相关短期投资跌价准备，借记“短期投资跌价准备”科目，按照原短期债权投资的账面余额，贷记“短期投资”科目，按照其差额，借记或贷记“投资收益”科目。

四、期末，民间非营利组织应当对长期债权投资是否发生了减值进行检查。如果长期债权投资的可收回金额低于其账面价值，应当按照可收回金额低于账面价值的差额计提长期投资减值准备；如果长期债权投资的可收回金额高于其账面价值，应当在该长期债权投资期初已计提减值准备的范围内转回可收回金额高于账面价值的差额。

五、本科目期末借方余额，反映民间非营利组织持有的长期债权投资价值。

1403其他长期投资

一、本科目核算民间非营利组织购入的在1年以内（不含1年）不能变现或持有时间准备超过1年（不含1年）的，除股权和债权以外的其他各类投资。

二、民间非营利组织可以根据具体情况设置明细科目，进行明细核算。

三、其他长期投资的主要账务处理如下：

（一）其他长期投资在取得时，应当按照取得时的实际成本作为初始投资成本，具体如下：

1.以现金购入的其他长期投资，按照实际支付的全部价款，包括税金、手续费等相关费用作为其初始投资成本，借记本科目，贷记“银行存款”等科目。

如果实际支付的价款中包含已到付息日但尚未领取的利息，则按照实际支付的全部价款减去其中已到付息日但尚未领取的利息后的金额作为其初始投资成本，借记本科目，按照应领取的利息，借记“其他应收款”科目，按照实际支付的全部价款，贷记“银行存款”等科目。

2.接受捐赠的其他长期投资，按照所确定的初始投资成本，借记本科目，贷记“捐赠收入”科目。

（二）其他长期投资持有期间，确认收益时，借记“其他应收款”科目，贷记“投资收益”科目。实际收到利息收入时，按照实际收到的金额，借记“银行存款”等科目，贷记“其他应收款”科目。

（三）处置其他长期投资时，按照实际取得的价款，借记“银行存款”等科目，按照已计提的减值准备，借记“长期投资减值准备”科目，按照所处置其他长期投资的账面余额，贷记本科目，按照未领取的利息，贷记“其他应收款”科目，按照其差额，借记或贷记“投资收益”科目。

（四）改变投资目的，将短期投资划转为其他长期投资，应当按短期投资的账面价值与市价孰低结转，并按此确定的价值作为其他长期投资的成本，借记本科目，按照已计提的相关短期投资跌价准备，借记“短期投资跌价准备”科目，按照原短期投资的账面余额，贷记“短期投资”科目，按照其差额，借记或贷记“投资收益”。

四、期末，民间非营利组织应当对其他长期投资是否发生了减值进行检查。如果其他长期投资的可收回金额低于其账面价值，应当按照可收回金额低于账面价值的差额计提长期投资减值准备；如果其他长期投资的可收回金额高于其账面价值，应当在该其他长期投资期初已计提减值准备的范围内转回可收回金额高于账面价值的差额。

五、本科目期末借方余额，反映民间非营利组织持有的其他长期投资价值。

1421长期投资减值准备

一、本科目核算民间非营利组织提取的长期投资减值准备。

二、民间非营利组织应当定期或者至少于每年年度终了，对长期投资是否发生了减值进行检查，如果发生了减值，应当计提长期投资减值准备。

如果已计提减值准备的长期投资价值在以后期间得以恢复，则应当在已计提减值准备的范围内部分或全部转回已确认的减值损失，冲减当期费用。

三、长期投资减值准备的主要账务处理如下：

（一）如果长期投资的期末可收回金额低于账面价值，按照可收回金额低于账面价值的差额，借记“资产减值损失——长期投资减值损失”科目，贷记本科目。

（二）如果以前期间已计提减值准备的长期投资价值在当期得以恢复，即长期投资的期末可收回金额高于账面价值，按照可收回金额高于账面价值的差额，在原计提减值准备的范围内，借记本科目，贷记“资产减值损失——长期投资减值损失”科目。

四、民间非营利组织出售或收回长期投资，或者以其他方式处置长期投资时，应当同时结转已计提的减值准备。

五、本科目的期末贷方余额，反映民间非营利组织已计提的长期投资减值准备。

1501固定资产

一、本科目核算民间非营利组织固定资产的原值。固定资产是指同时具有以下特征的有形资产：

（一）为行政管理、提供服务、生产商品或者出租目的而持有的；

（二）预计使用年限超过1年；

（三）单位价值较高。

二、民间非营利组织应当根据固定资产定义，结合本组织的具体情况，制定适合于本组织的固定资产目录、分类方法、每类或每项固定资产的折旧年限、折旧方法，作为进行固定资产核算的依据。

民间非营利组织的固定资产如果发生了重大减值，计提减值准备的，应当单独设置“固定资产减值准备”科目进行核算。

三、固定资产的主要账务处理如下：

（一）固定资产在取得时，应当按照取得时的实际成本入账。取得时的实际成本包括买价、包装费、运输费、缴纳的有关税金等相关费用，以及为使固定资产达到预定可使用状态前所必要的支出。具体如下：

1.外购的固定资产，按照实际支付的买价、相关税费以及为使固定资产达到预定可使用状态前发生的可直接归属于该固定资产的其他支出（如运输费、安装费、装卸费等），借记本科目，贷记“银行存款”、“应付账款”等科目。

如果以一笔款项购入多项没有单独标价的固定资产，按照各项固定资产公允价值的比例对总成本进行分配，分别确定各项固定资产的入账价值。

2.自行建造的固定资产，按照建造该项固定资产达到预定可使用状态前所发生的全部支出，借记本科目，贷记“在建工程”科目。

3.融资租入的固定资产，按照租赁协议或者合同确定的价款、运输费、途中保险费、安装调试费以及融资租入固定资产达到预定可使用状态前发生的借款费用等，借记本科目“融资租入固定资产”明细科目，贷记“长期应付款”科目。

4.接受捐赠的固定资产，按照所确定的成本，借记本科目，贷记“捐赠收入”科目。

（二）按月提取固定资产折旧时，按照应提取的折旧金额，借记“存货——生产成本”、“管理费用”等科目，贷记“累计折旧”科目。

（三）与固定资产有关的后续支出，如果使可能流入民间非营利组织的经济利益或者服务潜力超过了原先的估计，如延长了固定资产的使用寿命，或者使服务质量实质性提高，或者使商品成本实质性降低，则应当计入固定资产账面价值，但其增计后的金额不应当超过该固定资产的可收回金额。其他后续支出，应当计入当期费用。

发生后续支出时，按照应当计入固定资产账面价值的金额，借记“在建工程”、“固定资产”科目，贷记“银行存款”等科目，按照应当计入当期费用的金额，借记“管理费用”等科目，贷记“银行存款”等科目。

（四）固定资产出售、报废或者毁损，或以其他方式处置时，按照所处置固定资产的账面价值，借记“固定资产清理”科目，按照已提取的折旧，借记“累计折旧”科目，按照固定资产账面余额，贷记本科目。

四、民间非营利组织对固定资产应当定期或者至少每年实地盘点一次。对盘盈、盘亏的固定资产，应当及时查明原因，并根据管理权限，报经批准后，在期末前结账处理完毕：

（一）如为固定资产盘盈，按照其公允价值，借记本科目，贷记“其他收入”科目。

（二）如为固定资产盘亏，按照固定资产账面价值扣除可以收回的保险赔偿和过失人的赔偿等后的金额，借记“管理费用”科目，按照可以收回的保险赔偿和过失人赔偿等，借记“现金”、“银行存款”、“其他应收款”等科目，按照已提取的累计折旧，借记“累计折旧”科目，按照固定资产的账面余额，贷记本科目。

五、民间非营利组织应当设置“固定资产登记簿”和“固定资产卡片”，按固定资产类别设置明细账，进行明细核算。

经营租入的固定资产，应当另设辅助簿进行登记，不在本科目核算。

六、本科目期末借方余额，反映民间非营利组织期末固定资产的账面原价。

1502累计折旧

一、本科目核算民间非营利组织固定资产的累计折旧。

二、民间非营利组织应当对固定资产计提折旧，在固定资产的预计使用寿命内系统地分摊固定资产的成本。文物资源、图书档案、艺术品、标本模型、动植物和以名义金额计量的固定资产等不计提折旧。

（一）民间非营利组织应当根据固定资产的性质和消耗方式，合理地确定固定资产的预计使用寿命和预计净残值。

（二）民间非营利组织应当按照固定资产所包含经济利益或者服务潜力的预期实现方式选择折旧方法，可选用的折旧方法包括年限平均法、工作量法、双倍余额递减法和年数总和法。折旧方法一经确定，不得随意变更。

（三）固定资产的价值、使用寿命、预计净残值等发生变更的，应当根据变更后的价值、预计尚可使用寿命和净残值等，按照选定的折旧方法计提折旧。

（四）民间非营利组织一般应当按月提取折旧，当月增加的固定资产，当月开始计提折旧；当月减少的固定资产，当月不再计提折旧。

固定资产提足折旧后，无论能否继续使用，均不再提取折旧；提前报废的固定资产，也不再补提折旧。所谓提足折旧，是指已经提足该项固定资产应当提取的折旧总额，其中应当提取的折旧总额为固定资产原价减去预计净残值。

（五）计提融资租入固定资产折旧时，应当采用与自有应折旧固定资产相一致的折旧政策。能够合理确定租赁期届满时将会取得租入固定资产所有权的，应当在租入固定资产尚可使用年限内计提折旧；无法合理确定租赁期届满时能够取得租入固定资产所有权的，应当在租赁期与租入固定资产尚可使用年限两者中较短的期间内计提折旧。

三、累计折旧的主要账务处理如下：

按月计提固定资产折旧时，按照应当计提的金额，借记“存货——生产成本”、“管理费用”等科目，贷记本科目。

四、本科目期末贷方余额，反映民间非营利组织提取的固定资产折旧累计数。

1505在建工程

一、本科目核算民间非营利组织进行在建工程（包括施工前期准备、正在施工中的建筑工程、安装工程、技术改造工程等）所发生的实际支出。

民间非营利组织可以根据需要，在本科目下设置明细科目，进行明细核算。

二、在建工程的主要账务处理如下：

（一）在建工程应当按照实际发生的支出确定其工程成本，并单独核算，具体如下：

1.自营工程，按照直接材料、直接人工、直接机械使用费等确定其成本：

（1）领用材料物资时，按照所领用材料物资的账面余额，借记本科目，贷记“存货”科目。

（2）发生应负担的职工薪酬时，按照实际应负担的职工薪酬金额，借记本科目，贷记“应付职工薪酬”科目。

（3）工程应当分摊的水、电等其他费用，按照实际应分摊的金额，借记本科目，贷记“银行存款”等科目。

2.出包工程，应当按照应支付的工程价款等确定其成本，具体如下：

（1）按照合同规定向承包商预付工程款、备料款时，按照实际预付的金额，借记本科目，贷记“银行存款”科目。

（2）与承包商办理工程价款结算时，按照补付的工程款，借记本科目，贷记“银行存款”、“应付账款”等科目。

3.在建工程发生的工程管理费、征地费、可行性研究费等，借记本科目，贷记“银行存款”等科目。

4.为购建固定资产而发生的专门借款的借款费用，在允许资本化的期间内，按照专门借款的借款费用的实际发生额，借记本科目，贷记“长期借款”等科目。

（二）出售在建工程，在建工程报废、毁损或者以其他方式处置在建工程时，按照所处置在建工程的账面价值，借记“固定资产清理”科目，按照在建工程账面余额，贷记本科目。

（三）所购建的固定资产已达到预定可使用状态时，按照在建工程的成本，借记“固定资产”科目，贷记本科目。

三、本科目的期末借方余额，反映民间非营利组织尚未完工的各项在建工程发生的实际支出。

1506 文物资源

一、本科目核算民间非营利组织的文物资源。文物资源是指按照《中华人民共和国文物保护法》等有关法律、行政法规规定被认定为文物的有形资产和尚未被认定为文物的古籍等藏品。

二、文物资源的主要账务处理如下：

（一）文物资源在取得时，如果取得了有关凭据，应当按照凭据上标明的金额作为入账价值；如果未取得有关凭据，应当按照名义金额计量。

（二）取得文物资源时，发生的应归属于其自身的相关税费、运输费等，应当计入当期费用。

1.外购的文物资源，按照取得的购买凭证上注明的金额，借记本科目，贷记“银行存款”、“应付账款”等科目。

如果一笔购入多项文物资源，取得的购买凭证上没有单独标价的，应当将各项文物资源按照系统、合理的方法对总成本进行分配，分别确定各项文物资源的入账价值。

2.接受捐赠的文物资源，如果取得了发票等有关凭据，应当按照凭据上标明的金额，借记本科目，贷记“捐赠收入”科目；如果未取得发票等有关凭据，应当按照名义金额，借记本科目，贷记“捐赠收入”科目。

3.民间非营利组织为取得文物资源发生的相关支出，包括文物资源入藏前发生的保险费、运输费、装卸费以及专业人员服务费等，应当按照实际支付的金额，借记“其他费用”等科目，贷记“银行存款”、“应付账款”等科目。

（三）民间非营利组织对于文物资源本体的修复修缮等保护支出，应当在发生时按照实际发生的费用，借记“其他费用”等科目，贷记“银行存款”等科目。民间非营利组织对于文物资源安防、消防及防雷等保护性设施建设支出，符合相关资产确认条件的，应当计入固定资产等其他相关资产成本。

（四）对于文物资源撤销退出等业务，按照有关规定履行报批程序后，参照固定资产清理进行账务处理。

三、民间非营利组织对文物资源应当定期或者至少每年实地盘点一次。对盘盈、盘亏的文物资源，应当及时查明原因，并根据管理权限，报经批准后，在期末前结账处理完毕：

（一）如为文物资源盘盈或普查发现，按照名义金额，借记本科目，贷记“其他收入”科目。

（二）如为文物资源盘亏，按照有关规定履行报批程序后，按照文物资源的账面余额扣除可以收回的保险赔偿和过失人的赔偿等后的金额，借记“管理费用”科目，按照可以收回的保险赔偿和过失人赔偿等，借记“现金”、“银行存款”、“其他应收款”等科目，按照文物资源的账面余额，贷记本科目。

四、民间非营利组织应当按文物资源类型等设置明细账，进行明细核算。

五、本科目期末借方余额，反映民间非营利组织期末文物资源的金额。

1509固定资产清理

一、本科目核算民间非营利组织因出售、报废和毁损或其他处置等原因转入清理的固定资产价值及其清理过程中所发生的清理费用和清理收入等。

二、固定资产清理的主要账务处理如下：

（一）所处置固定资产、在建工程转入清理时，按照所处置固定资产的账面价值，借记本科目，按照已提取的折旧，借记“累计折旧”科目，按照固定资产账面余额，贷记“固定资产”、“在建工程”科目。

（二）清理过程中发生的费用和相关税金，按照实际发生额，借记本科目，贷记“银行存款”等科目；

（三）收回所处置固定资产的价款、残料价值和变价收入等，借记“银行存款”等科目，贷记本科目；应当由保险公司或过失人赔偿的损失，借记“现金”、“银行存款”、“其他应收款”等科目，贷记本科目。

（四）固定资产清理后的净收益，借记本科目，贷记“其他收入”科目；固定资产清理后的净损失，借记“其他费用”科目，贷记本科目。

三、本科目应当按照被清理的固定资产设置明细账，进行明细核算。

四、本科目期末余额，反映尚未清理完毕的固定资产的价值以及清理净收入（清理收入减去清理费用）。

1601 无形资产

一、本科目核算民间非营利组织为开展业务活动、出租给他人或为管理目的而持有的且没有实物形态的非货币性长期资产，包括专利权、非专利技术、商标权、著作权、土地使用权等。

民间非营利组织的无形资产如果发生了重大减值，计提减值准备的，应当单独设置“无形资产减值准备”科目进行核算。

二、无形资产的主要账务处理如下：

（一）无形资产在取得时，应当按照取得时的实际成本入账。具体如下：

1. 购入的无形资产，按照实际支付的价款，借记本科目，贷记“银行存款”等科目。委托软件公司开发的软件视同外购无形资产确定其成本，按照实际支付的价款，借记本科目，贷记“银行存款”等科目。

2. 接受捐赠的无形资产，按照所确定的成本，借记本科目，贷记“捐赠收入”科目。

3. 自行开发并按法律程序申请取得的无形资产，按依法取得时发生的注册费、聘请律师费等费用，借记本科目，贷记“银行存款”等科目。

依法取得前，在研究与开发过程中发生的材料费用、直接参与开发人员的工资及福利费、开发过程中发生的租金、借款费用等直接计入当期费用，借记“管理费用”等科目，贷记“银行存款”等科目。

（二）出售或以其他方式处置无形资产，按照实际取得的价款，借记“银行存款”等科目，按照已计提的摊销金额，借记“累计摊销”科目，按照该项无形资产的账面余额，贷记本科目，按照其差额，贷记“其他收入”科目或借记“其他费用”科目。

三、本科目应当按照无形资产类别设置明细账，进行明细核算。

四、本科目期末借方余额，反映民间非营利组织无形资产的账面余额。

1602 累计摊销

一、本科目核算民间非营利组织对无形资产计提的累计摊销。

本科目应当按照所对应无形资产的明细分类进行明细核算。

二、累计摊销的主要账务处理如下：

（一）按月对无形资产进行摊销时，按照应摊销金额，借记“业务活动成本”、“管理费用”、“存货”、“在建工程”等科目，贷记本科目。

（二）经批准处置无形资产时，按照实际取得的价款，借记“银行存款”等科目，按照已计提摊销，借记本科目，按照无形资产的账面余额，贷记“无形资产”科目，按照其差额，贷记“其他收入”科目或借记“其他费用”科目。

三、本科目期末贷方余额，反映民间非营利组织计提的无形资产摊销累计数。

1701 长期待摊费用

一、本科目核算民间非营利组织已经发生但应由本期和以后各期负担的分摊期限在1年以上（不含1年）的各项费用，如以经营租赁方式租入的固定资产发生的改良支出等。

本科目应当按照对应资产的类别进行明细核算。

二、长期待摊费用的主要账务处理如下：

（一）发生长期待摊费用时，按照支出金额，借记本科目，贷记“银行存款”等科目。

（二）在受益期间摊销长期待摊费用时，按照摊销金额，借记“业务活动成本”、“管理费用”等科目，贷记本科目。

（三）如果某项长期待摊费用已经不能使民间非营利组织受益，应当将其摊余金额一次性转销。按照剩余待摊销金额，借记“业务活动成本”、“管理费用”等科目，贷记本科目。

三、本科目期末借方余额，反映民间非营利组织尚未摊销完毕的长期待摊费用。

1801受托代理资产

一、本科目核算民间非营利组织接受委托方委托从事受托代理业务而收到的资产。

民间非营利组织受托代理资产的确认和计量比照接受捐赠资产的确认和计量原则处理。

二、受托代理资产的主要账务处理如下：

（一）收到受托代理资产时，按照应确认的入账金额，借记本科目，贷记“受托代理负债”科目。

（二）转赠或者转出受托代理资产，按照转出受托代理资产的账面余额，借记“受托代理负债”科目，贷记本科目。

三、民间非营利组织应当设置“受托代理资产登记簿”，并根据具体情况设置明细账，进行明细核算。

四、民间非营利组织收到的受托代理资产如果为现金、银行存款或其他货币资金，可以不通过本科目核算，而在“现金”、“银行存款”、“其他货币资金”科目下设置“受托代理资产”明细科目进行核算。即在取得这些受托代理资产时，借记“现金——受托代理资产”、“银行存款——受托代理资产”、“其他货币资金——受托代理资产”科目，贷记“受托代理负债”科目；在转赠或者转出受托代理资产时，借记“受托代理负债”科目，贷记“现金——受托代理资产”、“银行存款——受托代理资产”、“其他货币资金——受托代理资产”科目。

五、本科目期末借方余额，反映民间非营利组织期末尚未转出的受托代理资产价值。

二、负债类

2101短期借款

一、本科目核算民间非营利组织向银行或其他金融机构等借入的期限在1年以内（含1年）的各种借款。

二、短期借款的主要账务处理如下：

（一）借入各种短期借款时，按照实际借得的金额，借记“银行存款”科目，贷记本科目。

（二）发生短期借款利息时，借记“筹资费用”科目，贷记“预提费用”、“银行存款”等科目。

（三）归还借款时，借记本科目，贷记“银行存款”科目。

三、本科目应当按照债权人设置明细账，并按照借款种类及期限等进行明细核算。

四、本科目期末贷方余额，反映民间非营利组织尚未偿还的短期借款本金。

2201应付票据

一、本科目核算民间非营利组织购买材料、商品和接受服务供应等而开出、承兑的商业汇票，包括银行承兑汇票和商业承兑汇票。

二、应付票据的主要账务处理如下：

（一）因购买材料、商品和接受服务等开出、承兑商业汇票时，借记“存货”等科目，贷记本科目。

（二）以承兑商业汇票抵付应付账款时，借记“应付账款”科目，贷记本科目。

（三）支付银行承兑汇票的手续费时，借记“筹资费用”科目，贷记“银行存款”科目。

（四）应付票据到期时，应当分别情况处理：

1. 收到银行支付到期票据的付款通知时，借记本科目，贷记“银行存款”科目。

2. 如无力支付票款，按照应付票据的账面余额，借记本科目，贷记“应付账款”科目。

（五）如果为带息应付票据，应当在期末或到期时计算应付利息，借记“筹资费用”科目，贷记本科目。

到期不能支付的带息应付票据，转入“应付账款”科目核算后，期末时不再计提利息。

三、民间非营利组织应当设置“应付票据备查簿”，详细登记每一应付票据的种类、号数、签发日期、到期日、票面金额、票面利率、合同交易号、收款人姓名或单位名称，以及付款日期和金额等。应付票据到期结清时，应当在备查簿内逐笔注销。

四、本科目期末贷方余额，反映民间非营利组织持有的尚未到期的应付票据本息。

2202应付账款

一、本科目核算民间非营利组织因购买材料、商品和接受服务供应等而应付给供应单位的款项。

二、应付账款的主要账务处理如下：

（一）发生应付账款时，按照应付未付金额，借记“存货”、“管理费用”等科目，贷记本科目。

（二）偿付应付账款时，借记本科目，贷记“银行存款”等科目。

（三）开出、承兑商业汇票抵付应付账款时，借记本科目，贷记“应付票据”科目。

（四）确实无法支付或由其他单位承担的应付账款，借记本科目，贷记“其他收入”科目。

三、本科目应当按照债权人设置明细账，进行明细核算。

四、本科目期末贷方余额，反映民间非营利组织尚未支付的应付账款。

2203预收账款

一、本科目核算民间非营利组织向服务和商品购买单位预收的各种款项。

二、预收账款的主要账务处理如下：

（一）向购买单位预收款项时，按照实际预收的金额，借记“银行存款”等科目，贷记本科目。

（二）确认收入时，按照本科目账面余额，借记本科目，按照应确认的收入金额，贷记“商品销售收入”、“提供服务收入”等科目，按照补付或退回的款项，借记或贷记“银行存款”等科目。

三、本科目应当按照购货单位设置明细账，进行明细核算。

四、本科目期末贷方余额，反映民间非营利组织向购货单位预收的款项。

2204应付职工薪酬

一、本科目核算民间非营利组织按照有关规定应付给本组织职工及为职工支付的各种薪酬，包括职工工资、职工福利费、津贴补贴、奖金、社会保险费和住房公积金等，不论是否在当月支付，都应当通过本科目核算。

二、应付职工薪酬的主要账务处理如下：

（一）支付职工薪酬时，借记本科目，贷记“现金”、“银行存款”等科目。从应付职工薪酬中扣还的各种款项（如代垫的房租、家属药费、个人所得税等），借记本科目，贷记“其他应收款”、“应交税费”等科目。

（二）期末，应当将本期应付职工薪酬进行分配，如：

1.行政管理人员的职工薪酬，借记“管理费用”科目，贷记本科目。

2.应当记入各项业务活动成本的职工薪酬，借记“业务活动成本”、“存货——生产成本”科目，贷记本科目。

3.应当由在建工程负担的职工薪酬，借记“在建工程”等科目，贷记本科目。

三、民间非营利组织应当设置“应付职工薪酬明细账”，按照职工类别分设账页，按照职工薪酬的组成内容分设专栏，根据“职工薪酬单”或“职工薪酬汇总表”进行登记。

四、本科目期末一般应无余额，如果应付职工薪酬大于实发职工薪酬的，期末贷方余额反映应付未付的职工薪酬。

2206应交税费

一、本科目核算民间非营利组织按照国家有关税法及相关法律法规规定应当缴纳的各种税费，如增值税、城市维护建设税、教育费附加、企业所得税、房产税等。代扣代缴的个人所得税也通过本科目核算。

二、民间非营利组织应当根据应交税费项目，设置明细科目，进行明细核算。

三、应交税费的主要账务处理如下：

（一）发生增值税纳税义务的，如果属于增值税一般纳税人，还应当在“应交增值税”明细科目下，设置“进项税额”、“销项税额”、“出口退税”、“进项税额转出”、“已交税金”等专栏。小规模纳税人只需设置“应交增值税”明细科目，不需要在“应交增值税”明细科目中设置上述专栏。

（二）发生增值税、城市维护建设税、教育费附加、企业所得税、房产税等纳税义务的，按照税法有关规定计算应缴纳的金额，借记“税金及附加”、“所得税费用”等科目，贷记本科目。缴纳税费时，借记本科目，贷记“银行存款”等科目。

（三）发生个人所得税代扣代缴义务时，按照规定计算应代扣代缴的个人所得税，借记“应付职工薪酬”（职工及长期聘用人员）、“业务活动成本”（职工及长期聘用人员以外人员劳务报酬）等科目，贷记本科目。缴纳个人所得税时，借记本科目，贷记“银行存款”等科目。

四、本科目期末贷方余额，反映民间非营利组织尚未缴纳的税费；期末借方余额，反映民间非营利组织多交的税费。

2209其他应付款

一、本科目核算民间非营利组织应付、暂收其他单位或个人的款项，如应付经营租入固定资产的租金等。

二、其他应付款的主要账务处理如下：

（一）发生的各项应付、暂收款项，借记“银行存款”、“管理费用”等科目，贷记本科目。

（二）支付款项时，借记本科目，贷记“银行存款”等科目。

三、本科目应当按照应付和暂收款项的类别和单位或个人设置明细账，进行明细核算。

四、本科目期末贷方余额，反映尚未支付的其他应付款项。

2301预提费用

一、本科目核算民间非营利组织按照规定预先提取的已经发生但尚未支付的费用，如预提的租金、保险费、借款利息等。

二、预提费用的主要账务处理如下：

（一）按照规定预提计入本期费用时，借记“筹资费用”、“管理费用”等科目，贷记本科目。

（二）实际支出时，借记本科目，贷记“银行存款”等科目。

三、本科目应当按照费用种类设置明细账，进行明细核算。

四、本科目期末贷方余额，反映民间非营利组织已预提但尚未支付的各项费用。

2501长期借款

一、本科目核算民间非营利组织向银行或其他金融机构借入的期限在1年以上（不含1年）的各项借款。

二、长期借款应当按照实际发生额入账。长期借款的借款费用应当在发生时计入当期费用。但是，为购建固定资产而发生的专门借款的借款费用在规定的允许资本化的期间内，应当按照专门借款的借款费用的实际发生额予以资本化，计入在建工程成本。这里的借款费用包括因借款而发生的利息、辅助费用以及因外币借款而发生的汇兑差额等。

民间非营利组织应当按照规定确定专门借款的借款费用允许资本化的期间及其金额。

三、长期借款的主要账务处理如下：

（一）借入长期借款时，按照实际借入额，借记“银行存款”等科目，贷记本科目。

（二）发生的借款费用，借记“筹资费用”科目，贷记本科目。如为购建固定资产而发生的专门借款的借款费用，在允许资本化的期间内，按照专门借款的借款费用的实际发生额，借记“在建工程”科目，贷记本科目。

（三）归还长期借款时，借记本科目，贷记“银行存款”科目。

四、本科目应当按照贷款单位设置明细账，并按贷款种类进行明细核算。

五、本科目期末贷方余额，反映民间非营利组织尚未偿还的长期借款本息。

2502长期应付款

一、本科目核算民间非营利组织的各项长期应付款项，如融资租入固定资产的租赁费等。

二、长期应付款的主要账务处理举例如下：

（一）发生长期应付款时，借记有关科目，贷记本科目。

（二）支付长期应付款项时，借记本科目，贷记“银行存款”科目。

三、本科目应当按照长期应付款的种类设置明细账，进行明细核算。

四、本科目期末贷方余额，反映尚未支付的各种长期应付款。

2503预计负债

一、本科目核算民间非营利组织对因或有事项所产生的现时义务而确认的负债，包括因对外提供担保、商业承兑票据贴现、未决诉讼等确认的负债。

二、预计负债的主要账务处理举例如下：

（一）确认预计负债时，按照应确认的预计负债金额，借记“管理费用”等科目，贷记本科目。

（二）实际偿付负债时，借记本科目，贷记“银行存款”等科目。

（三）转回预计负债时，借记本科目，贷记“管理费用”等科目。

三、本科目应当按照预计负债项目设置明细账，进行明细核算。

四、本科目期末贷方余额，反映民间非营利组织已预计尚未支付的债务。

2601 受托代理负债

一、本科目核算民间非营利组织因从事受托代理业务、接受受托代理资产而产生的负债。

受托代理负债应当按照相对应的受托代理资产的金额予以确认和计量。

二、受托代理负债的主要账务处理如下：

（一）收到受托代理资产，按照应确认的入账金额，借记“受托代理资产”科目，贷记本科目。

（二）转赠或者转出受托代理资产，按照转出受托代理资产的账面余额，借记本科目，贷记“受托代理资产”科目。

三、本科目应当按照指定的受赠组织或个人，或者指定的应转交的组织或个人设置明细账，进行明细核算。

四、本科目期末贷方余额，反映民间非营利组织尚未清偿的受托代理负债。

三、净资产类

3101 非限定性净资产

一、本科目核算民间非营利组织的非限定性净资产，即民间非营利组织净资产中除限定性净资产之外的其他净资产。

二、民间非营利组织应当在期末将当期非限定性收入的实际发生额、当期非限定性费用的实际发生额和当期由限定性净资产转为非限定性净资产的金额转入非限定性净资产。

三、非限定性净资产的主要账务处理如下：

（一）期末，将各收入类科目所属“非限定性收入”明细科目的余额转入本科目，借记“捐赠收入——非限定性收入”、“会费收入——非限定性收入”、“提供服务收入——非限定性收入”、“政府补助收入——非限定性收入”、“商品销售收入——非限定性收入”、“投资收益——非限定性收入”、“总部拨款收入——非限定性收入”、“其他收入——非限定性收入”科目，贷记本科目。同时，将各费用类科目所属“非限定性费用”明细科目的余额转入本科目，借记本科目，贷记“业务活动成本——非限定性费用”、“税金及附加——非限定性费用”、“管理费用——非限定性费用”、“筹资费用——非限定性费用”、“资产减值损失——非限定性费用”、“所得税费用”、“其他费用——非限定性费用”科目。

（二）如果限定性净资产的限制已经完全解除，应当对净资产进行重新分类，将限定性净资产的净额转为非限定性净资产，借记“限定性净资产”科目，贷记本科目。

（三）如果因调整以前期间收入、费用项目而涉及调整非限定性净资产的，应当就调整后“以前年度净资产调整”涉及非限定性净资产的科目余额转入本科目，借记或贷记“以前年度净资产调整”科目，贷记或借记本科目。

（四）如果资产提供者或者国家有关法律、行政法规等对以前期间未设置限制的资产增加限制时，应当按照相关非限定性净资产转为限定性净资产的金额，借记本科目，贷记“限定性净资产”科目。

（五）如果根据国家有关法律、行政法规等提取风险准备金、专项资金或基金等，应当按照实际提取金额，借记本科目，贷记“限定性净资产”科目。

四、本科目期末贷方余额，反映民间非营利组织历年积存的非限定性净资产。

3102 限定性净资产

一、本科目核算民间非营利组织的限定性净资产。如果资产或者资产的经济利益（如资产的投资收益和利息等）的使用和处置受到资源提供者或者国家有关法律、行政法规等所设置的时间限制或（和）用途限制，则由此形成的净资产即为限定性净资产。

本制度所称的时间限制，是指资产提供者或者国家有关法律、行政法规等要求民间非营利组织在收到资产后的特定时期之内或特定日期之后使用该项资产，或者对资产的使用设置了永久限制；本制度所称的用途限制，是指资产提供者或者国家有关法律、行政法规等要求民间非营利组织将收到的资产用于某一特定的用途。

民间非营利组织的理事会或类似机构对净资产的使用所作的限定性决策、决议或拨款限额等，属于民间非营利组织内部管理上对资产使用所作的限制，它不属于本制度所界定的限定性净资产。

二、民间非营利组织应当在期末将当期限定性收入的实际发生额、当期限定性费用的实际发生额和当期由非限定性净资产转为限定性净资产的金额转为限定性净资产。

三、限定性净资产的主要账务处理如下：

（一）期末，将各收入类科目所属“限定性收入”明细科目的余额转入本科目，借记“捐赠收入——限定性收入”、“政府补助收入——限定性收入”等科目，贷记本科目。同时，将各费用类科目所属“限定性费用”明细科目的余额转入本科目，借记本科目，贷记“业务活动成本——限定性费用”、“管理费用——限定性费用”等科目。

（二）如果限定性净资产的限制已经完全解除，应当对净资产进行重新分类，将限定性净资产的净额转为非限定性净资产，借记本科目，贷记“非限定性净资产”科目。

（三）如果因调整以前期间收入、费用项目而涉及调整限定性净资产的，应当就调整后“以前年度净资产调整”涉及限定性净资产的科目余额转入本科目，借记或贷记“以前年度净资产调整”科目，贷记或借记本科目。

（四）如果资产提供者或者国家有关法律、行政法规等对以前期间未设置限制的资产增加限制时，应当按照相关非限定性净资产转为限定性净资产的金额，借记“非限定性净资产”科目，贷记本科目。

（五）如果根据国家有关法律、行政法规等提取风险准备金、专项资金或基金等，应当按照实际提取金额，借记“非限定性净资产”科目，贷记本科目。

四、本科目期末贷方余额，反映民间非营利组织历年积存的限定性净资产。

3201以前年度净资产调整

一、本科目核算民间非营利组织本年度发生的调整以前年度净资产的事项，包括本年度发生的重要前期差错更正等涉及调整以前年度净资产的事项。

本科目应当设置“非限定性净资产”、“限定性净资产”明细科目，分别核算调整非限定性净资产、限定性净资产的金额。

二、以前年度净资产调整的主要账务处理如下：

（一）调整增加以前年度收入或减少以前年度费用时，借记有关科目，贷记本科目；

（二）调整增加以前年度费用或减少以前年度收入时，借记本科目，贷记有关科目；

（三）经上述调整后，应将本科目的余额转入净资产，借记或贷记“非限定性净资产”、“限定性净资产”科目，贷记或借记本科目相关明细科目。

三、期末结转后，本科目应无余额。

四、收入费用类

4101捐赠收入

一、本科目核算民间非营利组织接受其他单位或者个人捐赠所取得的收入。

民间非营利组织因受托代理业务而从委托方收到的受托代理资产，不在本科目核算。

二、民间非营利组织的捐赠收入应当按照是否存在限定区分为非限定性收入和限定性收入，设置“非限定性收入”、“限定性收入”明细科目，进行明细核算。

如果资产提供者对资产的使用设置了时间限制或（和）用途限制，则所确认的相关收入为限定性收入；除此之外的其他所有收入，为非限定性收入。

三、民间非营利组织接受捐赠，应当在满足规定的收入确认条件时确认捐赠收入。

四、捐赠收入的主要账务处理如下：

（一）接受的捐赠，按照应确认的金额，借记“现金”、“银行存款”、“短期投资”、“存货”、“长期股权投资”、“长期债权投资”、“固定资产”、“无形资产”等科目，贷记本科目“限定性收入”或“非限定性收入”明细科目。

接受的服务捐赠收入，按照应确认的金额，借记“业务活动成本”、“管理费用”等科目，贷记本科目“限定性收入”或“非限定性收入”明细科目。

接受的捐赠，如果由于捐赠方或法律法规限制等民间非营利组织之外的原因存在需要偿还全部或部分捐赠资产或政府补助资产或者相应金额的现时义务时，按照需要偿还的金额，借记本科目，贷记“其他应付款”等科目；如果由于民间非营利组织自身原因存在需要偿还全部或部分捐赠资产或者相应金额的现时义务时，按照需要偿还的金额，借记“管理费用”科目，贷记“其他应付款”等科目。

（二）如果限定性捐赠收入的限制在确认收入的当期得以完全解除，应当将其转为非限定性捐赠收入，借记本科目“限定性收入”明细科目，贷记本科目“非限定性收入”明细科目。

（三）期末，将本科目各明细科目的余额分别转入限定性净资产和非限定性净资产，借记本科目“限定性收入”明细科目，贷记“限定性净资产”科目，借记本科目“非限定性收入”明细科目，贷记“非限定性净资产”科目。

五、期末结转后，本科目应无余额。

4201会费收入

一、本科目核算民间非营利组织根据章程等的规定向会员收取的会费收入。

一般情况下，民间非营利组织的会费收入为非限定性收入，如果存在限定性会费收入，则应当在本科目设置“非限定性收入”、“限定性收入”明细科目，进行明细核算。

二、民间非营利组织应当在满足规定的收入确认条件时确认会费收入。

三、会费收入的主要账务处理如下：

（一）向会员收取会费，在满足收入确认条件时，借记“现金”、“银行存款”、“应收账款”等科目，贷记本科目“非限定性收入”明细科目，如果存在限定性会费收入，应当贷记本科目“限定性收入”明细科目。

（二）期末，将本科目的余额转入非限定性净资产，借记本科目“非限定性收入”明细科目，贷记“非限定性净资产”科目。如果存在限定性会费收入，则将其金额转入限定性净资产，借记本科目“限定性收入”明细科目，贷记“限定性净资产”科目。

四、本科目应当按照会费种类（如团体会费、个人会费等）设置明细账，进行明细核算。

五、期末结转后，本科目应无余额。

4301提供服务收入

一、本科目核算民间非营利组织根据章程等的规定向其服务对象提供服务取得的收入，包括学费收入、医疗费收入、培训收入、承接政府购买服务收入等。

一般情况下，民间非营利组织的提供服务收入为非限定性收入，如果存在限定性提供服务收入，则应当在本科目设置“非限定性收入”、“限定性收入”明细科目，进行明细核算。

二、民间非营利组织应当在满足规定的收入确认条件时确认提供服务收入。

三、提供服务收入的主要账务处理如下：

（一）提供服务取得收入时，按照实际收到或应当收取的价款，借记“现金”、“银行存款”、“应收账款”等科目，按照应当确认的提供服务收入金额，贷记本科目，按照预收的价款，贷记“预收账款”科目。在以后期间确认提供服务收入时，借记“预收账款”科目，贷记本科目“非限定性收入”明细科目，如果存在限定性提供服务收入，应当贷记本科目“限定性收入”明细科目。

（二）期末，将本科目的余额转入非限定性净资产，借记本科目“非限定性收入”明细科目，贷记“非限定性净资产”科目。如果存在限定性提供服务收入，则将其金额转入限定性净资产，借记本科目“限定性收入”明细科目，贷记“限定性净资产”科目。

四、本科目应当按照提供服务的种类设置明细账，进行明细核算。

五、期末结转后，本科目应无余额。

4401政府补助收入

一、本科目核算民间非营利组织因为政府拨款或者政府机构给予的补助而取得的收入。

二、民间非营利组织的政府补助收入应当按照是否存在限定区分为非限定性收入和限定性收入，设置“非限定性收入”、“限定性收入”明细科目，进行明细核算。

如果资产提供者对资产的使用设置了时间限制或（和）用途限制，则所确认的相关收入为限定性收入；除此之外的其他所有收入，为非限定性收入。

三、民间非营利组织应当在满足规定的收入确认条件时确认政府补助收入。

四、政府补助收入的主要账务处理如下：

（一）接受的政府补助，按照应确认的金额，借记“现金”、“银行存款”等科目，贷记本科目“限定性收入”或“非限定性收入”明细科目。

对于接受的附条件政府补助，如果因民间非营利组织自身原因存在需要偿还全部或部分政府补助资产或者相应金额的现时义务时（比如因民间非营利组织自身原因无法满足政府补助所附条件而必须退还部分政府补助时），按照需要偿还的金额，借记“管理费用”科目，贷记“其他应付款”等科目。

（二）如果限定性政府补助收入的限制在确认收入的当期得以完全解除，应当将其转为非限定性政府补助收入，借记本科目“限定性收入”明细科目，贷记本科目“非限定性收入”明细科目。

（三）期末，将本科目各明细科目的余额分别转入限定性净资产和非限定性净资产，借记本科目“限定性收入”明细科目，贷记“限定性净资产”科目，借记本科目“非限定性收入”明细科目，贷记“非限定性净资产”科目。

五、期末结转后，本科目应无余额。

4501商品销售收入

一、本科目核算民间非营利组织销售商品等所形成的收入。

一般情况下，民间非营利组织的销售商品收入为非限定性收入，如果存在限定性商品销售收入，则应当在本科目设置“非限定性收入”、“限定性收入”明细科目，进行明细核算。

二、民间非营利组织应当在满足规定的收入确认条件时确认商品销售收入。

三、商品销售收入的主要账务处理如下：

（一）销售商品取得收入时，按照实际收到或应当收取的价款，借记“现金”、“银行存款”、“应收票据”、“应收账款”等科目，按照应当确认的商品销售收入金额，贷记本科目“非限定性收入”明细科目（如果存在限定性商品销售收入，应当贷记本科目“限定性收入”明细科目），按照预收的价款，贷记“预收账款”科目。在以后期间确认商品销售收入时，借记“预收账款”科目，贷记本科目“非限定性收入”明细科目，如果存在限定性商品销售收入，应当贷记本科目“限定性收入”明细科目。

（二）销售退回，是指民间非营利组织售出的商品，由于质量、品种不符合要求等原因而发生的退货。销售退回应当分别情况处理：

1.未确认收入的已发出商品的退回，不需要进行会计处理。

2.已确认收入的销售商品退回，一般情况下直接冲减退回当月的商品销售收入、商品销售成本等：按照应当冲减的商品销售收入，借记本科目，按照已收或应收的金额，贷记“银行存款”、“应收账款”、“应收票据”等科目，按照退回商品的成本，借记“存货”科目，贷记“业务活动成本”科目。

如果该项销售发生现金折扣，应当在退回当月一并处理。

3.报告期间资产负债表日至财务会计报告批准报出日之间发生的报告期间或以前期间的销售退回，应当作为资产负债表日后事项的调整事项处理，调整报告期间会计报表的相关项目：按照应冲减的商品销售收入，借记“非限定性净资产”科目（如果所调整收入属于限定性收入，应当借记“限定性净资产”科目），按照已收或应收的金额，贷记“银行存款”、“应收账款”、“应收票据”等科目；按照退回商品的成本，借记“存货”科目，贷记“非限定性净资产”科目（如果所调整费用属于限定性费用，应当贷记“限定性净资产”科目）。

如果该项销售已发生现金折扣，应当一并处理。

（三）现金折扣，是指民间非营利组织为了尽快回笼资金而发生的理财费用。现金折扣在实际发生时直接计入当期筹资费用：按照实际收到的金额，借记“银行存款”等科目，按照应给予的现金折扣，借记“筹资费用”

科目，按照应收的账款，贷记“应收账款”、“应收票据”等科目。

购买方实际获得的现金折扣，冲减取得当期的筹资费用：按照应付的账款，借记“应付账款”、“应付票据”等科目，按照实际获得的现金折扣，贷记“筹资费用”科目，按照实际支付的价款，贷记“银行存款”等科目。

（四）销售折让，是指在商品销售时直接给予购买方的折让。销售折让应当在实际发生时直接从当期实现的销售收入中抵减。

（五）期末，将本科目的余额转入非限定性净资产，借记本科目，贷记“非限定性净资产”科目。如果存在限定性商品销售收入，则将其金额转入限定性净资产，借记本科目，贷记“限定性净资产”科目。

四、本科目应当按照商品的种类设置明细账，进行明细核算。

五、期末结转后，本科目应无余额。

4601 投资收益

一、本科目核算民间非营利组织因对外投资取得的投资净损益。

一般情况下，民间非营利组织的投资收益为非限定性收入，如果存在限定性投资收益，则应当在本科目设置“非限定性收入”、“限定性收入”明细科目，进行明细核算。

二、投资收益的主要账务处理如下：

（一）短期投资。出售短期投资或到期收回债券本息，按照实际收到的金额，借记“银行存款”科目，按照已计提的减值准备，借记“短期投资跌价准备”科目，按照所出售或收回短期投资的账面余额，贷记“短期投资”科目，按照未领取的现金股利或利息，贷记“其他应收款”科目，按照其差额，借记或贷记本科目。

（二）长期股权投资。

1.被投资单位宣告发放现金股利或利润时，按照宣告发放的现金股利或利润中属于民间非营利组织应享有的部分，确认当期投资收益，借记“其他应收款”科目，贷记本科目。

2.处置长期股权投资时，按照实际取得的价款，借记“银行存款”等科目，按照已计提的减值准备，借记“长期投资减值准备”科目，按照所处置长期股权投资的账面余额，贷记“长期股权投资”科目，按照未领取的现金股利，贷记“其他应收款”科目，按照其差额，借记或贷记本科目。

（三）长期债权投资。

1.长期债权投资持有期间，应当按照票面价值与票面利率按期计算确认利息收入，如为到期一次还本付息的债券投资，借记“长期债权投资——债券投资（应收利息）”科目，贷记本科目，如为分期付息、到期还本的债权投资，借记“其他应收款”科目，贷记本科目。

长期债券投资的初始投资成本与债券面值之间的差额，应当在债券存续期间，按照直线法于确认相关债券利息收入时摊销。如初始投资成本高于债券面值，按照应当分摊的金额，借记本科目，贷记“长期债权投资”科目；如初始投资成本低于债券面值，按照应当分摊的金额，借记“长期债权投资”科目，贷记本科目。

2.处置长期债权投资时，按照实际取得的价款，借记“银行存款”等科目，按照已计提的减值准备，借记“长期投资减值准备”科目，按照所处置长期债券投资的账面余额，贷记“长期债权投资”科目，按照未领取的债券利息，贷记“其他应收款”科目或“长期债权投资——债券投资（应收利息）”科目，按照其差额，借记或贷记本科目。

（四）其他长期投资。

1.其他长期投资在持有期间取得的现金收益，确认当期投资收益，借记“其他应收款”科目，贷记本科目。

2.处置其他长期投资时，按照实际取得的价款，借记“银行存款”等科目，按照已计提的减值准备，借记“其他长期投资减值准备”科目，按照所处置其他长期投资的账面余额，贷记“其他长期投资”科目，按照未领取的收益，贷记“其他应收款”科目，按照其差额，借记或贷记本科目。

（五）期末，将本科目的余额转入非限定性净资产，借记本科目，贷记“非限定性净资产”科目。如果存在限定性投资收益，则将其金额转入限定性净资产，借记本科目，贷记“限定性净资产”科目。

三、期末结转后，本科目应无余额。

4701 总部拨款收入

一、本科目核算境外非政府组织代表机构从其总部取得的拨款收入。一般情况下，总部拨款收入为非限定性收入，如果存在限定性总部拨款收入，则应当在本科目设置“非限定性收入”、“限定性收入”明细科目，进行明细核算。

二、民间非营利组织应当在满足规定的收入确认条件时确认总部拨款收入。

三、总部拨款收入的主要账务处理如下：

（一）境外非政府组织代表机构取得总部拨款收入时，按照取得的金额，借记“现金”、“银行存款”等科目，贷记本科目“非限定性收入”明细科目。如果存在限定性总部拨款收入，应当贷记本科目“限定性收入”明细科目。

（二）期末，将本科目本期发生额转入非限定性净资产，借记本科目“非限定性收入”明细科目，贷记“非限定性净资产”科目。如果存在限定性总部拨款收入，则将其金额转入限定性净资产，借记本科目“限定性收入”明细科目，贷记“限定性净资产”科目。

四、期末结转后，本科目应无余额。

4901 其他收入

一、本科目核算民间非营利组织除捐赠收入、会费收入、提供服务收入、商品销售收入、政府补助收入、投资收益、总部拨款收入等主要业务活动收入以外的其他收入，如存款利息、确实无法支付的应付款项、存货盘盈、固定资产盘盈、固定资产处置净收入、无形资产处置净收入等。

一般情况下，民间非营利组织的其他收入为非限定性收入，如果存在限定性其他收入，则应当在本科目设置“非限定性收入”、“限定性收入”明细科目。

二、其他收入的主要账务处理举例如下：

（一）现金、存货、固定资产、文物资源等盘盈的，根据管理权限报经批准后，借记“现金”、“存货”、“固定资产”、“文物资源”等科目，贷记本科目“非限定性收入”明细科目，如果存在限定性其他收入，应当贷记本科目“限定性收入”明细科目。

（二）对于固定资产处置净收入，借记“固定资产清理”科目，贷记本科目。

（三）对于无形资产处置净收入，按照实际取得的价款，借记“银行存款”等科目，按照该项无形资产的账面余额，贷记“无形资产”科目，按照其差额，贷记本科目。

（四）确认无法支付的应付款项，借记“应付账款”等科目，贷记本科目。

（五）在非货币性交易中收到补价情况下应确认的损益，借记有关科目，贷记“其他收入”科目。

（六）期末，将本科目的余额转入非限定性净资产，借记本科目，贷记“非限定性净资产”科目。如果存在限定性的其他收入，则将其金额转入限定性净资产，借记本科目，贷记“限定性净资产”科目。

三、本科目应当按照其他收入种类设置明细账，进行明细核算。

四、期末结转后，本科目应无余额。

5101 业务活动成本

一、本科目核算民间非营利组织为了实现其业务活动目标、开展其项目活动或者提供服务所发生的费用，包括设立与实现本组织业务活动目标相关的民间非营利组织的出资。

民间非营利组织的业务活动成本应当按照是否存在限定区分为非限定性费用和限定性费用，设置“非限定性费用”、“限定性费用”明细科目，进行明细核算。民间非营利组织作为委托人设立慈善信托的，应当在本科目下设置“设立慈善信托支出”明细科目，进行明细核算。

二、如果民间非营利组织从事的项目、提供的服务或者开展的业务比较单一，可以将相关费用全部归集在本科目下进行核算；如果民间非营利组织从事的项目、提供的服务或者开展的业务种类较多，民间非营利组织应当在本科目下分别项目、服务或者业务大类进行明细核算。

三、民间非营利组织发生的业务活动成本，应当按照其发生额计入当期费用。

民间非营利组织按规定出资设立与实现本组织业务活动目标相关的民间非营利组织的，相关出资金额记入本科目。

四、业务活动成本的主要账务处理如下：

（一）发生的业务活动成本，借记本科目，贷记“现金”、“银行存款”、“存货”、“应付账款”等科目。

民间非营利组织收到退回的捐赠资产，按照退回的金额，借记“现金”、“银行存款”、“存货”等科目，贷记本科目。

（二）期末，将本科目各明细科目的余额分别转入限定性净资产和非限定性净资产，借记“限定性净资产”科目，贷记本科目“限定性费用”明细科目，借记“非限定性净资产”科目，贷记本科目“非限定性费用”明细科目。

五、期末结转后，本科目应无余额。

5201税金及附加

一、本科目核算民间非营利组织业务活动发生的消费税、城市维护建设税、教育费附加、房产税、城镇土地使用税、车船税、印花税等相关税费。

一般情况下，民间非营利组织的税金及附加为非限定性费用，如果存在限定性税金及附加，则应当在本科目设置“非限定性费用”、“限定性费用”明细科目，进行明细核算。

二、税金及附加的主要账务处理如下：

（一）发生相关纳税义务时，按照支付的金额，借记本科目，贷记“应交税费”等科目。

（二）期末，将本科目的余额转入非限定性净资产，借记“非限定性净资产”科目，贷记本科目。如果存在限定性税金及附加，则将其金额转入限定性净资产，借记“限定性净资产”科目，贷记本科目。

三、期末结转后，本科目应无余额。

5301管理费用

一、本科目核算民间非营利组织为组织和管理其业务活动所发生的各项费用，包括民间非营利组织理事会或者类似权力机构经费和行政管理人员的工资、奖金、津贴、福利费、住房公积金、住房补贴、社会保障费、残保金、离退休人员工资与补助，以及办公费、水电费、邮电费、物业管理费、差旅费、折旧费、修理费、无形资产摊销费、资产盘亏损失、因预计负债所产生的损失、聘请中介机构费、因民间非营利组织的原因应偿还的受赠资产或政府补助资产等。

一般情况下，民间非营利组织的管理费用为非限定性费用，如果存在限定性管理费用，则应当在本科目设置“非限定性费用”、“限定性费用”明细科目，进行明细核算。

二、民间非营利组织发生的管理费用，应当在发生时按其发生额计入当期费用。

三、管理费用的主要账务处理如下：

（一）现金、存货、固定资产等盘亏，根据管理权限报经批准后，按照相关资产账面价值扣除可以收回的保险赔偿和过失人的赔偿等后的金额，借记本科目，按照可以收回的保险赔偿和过失人赔偿等，借记“现金”、“银行存款”、“其他应收款”等科目，按照已提取的累计折旧，借记“累计折旧”科目，按照相关资产的账面余额，贷记相关资产科目。

（二）提取行政管理用固定资产折旧，借记本科目，贷记“累计折旧”科目。

（三）无形资产摊销时，借记本科目，贷记“累计摊销”科目。

（四）发生的应归属于管理费用的应付职工薪酬、应交税费等，借记本科目，贷记“应付职工薪酬”、“应交税费”等科目。

（五）对于确认预计负债而确认的损失，借记本科目，贷记“预计负债”科目。

（六）发生的其他管理费用，借记本科目，贷记“现金”、“银行存款”等科目。

（七）期末，将本科目的余额转入非限定性净资产，借记“非限定性净资产”科目，贷记本科目。如果存在限定性管理费用，则将其金额转入限定性净资产，借记“限定性净资产”科目，贷记本科目。

四、本科目应当按照管理费用种类设置明细账，进行明细核算。

民间非营利组织可以根据具体情况编制管理费用明细表，以满足内部管理等有关方面的信息需要。

五、期末结转后，本科目应无余额。

5401 筹资费用

一、本科目核算民间非营利组织为筹集业务活动所需资金而发生的费用，包括民间非营利组织获得捐赠资产而发生的费用以及应当计入当期费用的借款费用、汇兑损失（减汇兑收益）等。

民间非营利组织为了获得捐赠资产而发生的费用包括举办募款活动费，准备、印刷和发放募款宣传资料费以及其他与募款或者争取捐赠有关的费用。一般情况下，民间非营利组织的筹资费用为非限定性费用，如果存在限定性筹资费用，则应当在本科目设置“非限定性费用”、“限定性费用”明细科目，进行明细核算。民间非营利组织按照国务院有关部门的有关规定核算募捐成本的，应当在本科目设置“募捐成本”明细科目，进行明细核算。

二、民间非营利组织发生的筹资费用，应当在发生时按其发生额计入当期费用。

三、筹资费用的主要账务处理如下：

（一）发生的筹资费用，借记本科目，贷记“预提费用”、“银行存款”、“长期借款”等科目。发生的应冲减筹资费用的汇兑收益等，借记“银行存款”、“长期借款”等科目，贷记本科目。

（二）期末，将本科目的余额转入非限定性净资产，借记“非限定性净资产”科目，贷记本科目。如果存在限定性筹资费用，则将其金额转入限定性净资产，借记“限定性净资产”科目，贷记本科目。

四、本科目应当按照筹资费用种类设置明细账，进行明细核算。

五、期末结转后，本科目应无余额。

5501资产减值损失

一、本科目核算民间非营利组织计提各项资产减值准备所形成的损失。

民间非营利组织的资产减值损失应当按照计提减值准备的资产是否存在限定区分为非限定性费用和限定性费用，设置“非限定性费用”、“限定性费用”明细科目，进行明细核算。

二、资产减值损失的主要账务处理如下：

（一）因提取短期投资、应收款项、存货、长期投资、固定资产、无形资产等资产减值准备而确认的资产减值损失，借记本科目，贷记相关资产减值准备科目。

（二）冲减或转回资产减值准备时，按照转回的金额，借记相关资产减值准备科目，贷记本科目。

（三）期末，将本科目各明细科目的余额分别转入限定性净资产和非限定性净资产，借记“限定性净资产”科目，贷记本科目“限定性费用”明细科目，借记“非限定性净资产”科目，贷记本科目“非限定性费用”明细科目。

三、期末结转后，本科目应无余额。

5601所得税费用

一、本科目核算有企业所得税缴纳义务的民间非营利组织按规定缴纳企业所得税所形成的费用。

二、所得税费用的主要账务处理如下：

（一）发生所得税缴纳义务时，按照支付的金额，借记本科目，贷记“应交税费”等科目。

（二）期末，将本科目本期发生额转入非限定性净资产，借记“非限定性净资产”科目，贷记本科目。

三、期末结转后，本科目应无余额。

5901其他费用

一、本科目核算民间非营利组织发生的、无法归属到上述费用中的费用，包括固定资产处置净损失、无形资产处置净损失、从事受托代理业务时发生的应归属于其自身的费用、设立与实现本组织业务活动目标不相关的民间非营利组织的相关支出等。

一般情况下，民间非营利组织的其他费用为非限定性费用，如果存在限定性其他费用，则应当在本科目设置“非限定性费用”、“限定性费用”明细科目，进行明细核算。

二、民间非营利组织发生的其他费用，应当在发生时按其发生额计入当期费用。

民间非营利组织按规定出资设立与实现本组织业务活动目标不相关的民间非营利组织的，相关出资金额记入本科目。

三、其他费用的主要账务处理如下：

（一）发生的固定资产处置净损失，借记本科目，贷记“固定资产清理”科目。

（二）发生的无形资产处置净损失，按照实际取得的价款，借记“银行存款”等科目，按照该项无形资产的账面余额，贷记“无形资产”科目，按照已计提的摊销金额，借记“累计摊销”科目，按照其差额，借记本科目。

（三）期末，将本科目的余额转入非限定性净资产，借记“非限定性净资产”科目，贷记本科目。如果存在限定性其他费用，则将其金额转入限定性净资产，借记“限定性净资产”科目，贷记本科目。

四、本科目应当按照费用种类设置明细账，进行明细核算。

五、期末结转后，本科目应无余额。

第四部分　会计报表格式

编号	会计报表名称	编制期
会民非01表	资产负债表	中期报告、年度报告
会民非02表	业务活动表	中期报告、年度报告
会民非03表	现金流量表	年度报告

资产负债表

会民非01表

编制单位：　　　　　　　　　年　月　日　　　　　　　　　单位：元

资　　产	年初余额	期末余额	负债和净资产	年初余额	期末余额
流动资产：			流动负债：		
货币资金			短期借款		
短期投资			应付款项		
应收款项			应付职工薪酬		
预付账款			应交税费		
存　　货			预收账款		
待摊费用			预提费用		
一年内到期的长期投资			一年内到期的长期负债		
其他流动资产			其他流动负债		
流动资产合计			流动负债合计		
非流动资产：			长期负债：		
长期投资：			长期借款		
长期股权投资			长期应付款		

续表

资　　产	年初余额	期末余额	负债和净资产	年初余额	期末余额
长期债权投资			预计负债		
其他长期投资			其他长期负债		
长期投资合计			长期负债合计		
固定资产：					
固定资产原价			受托代理负债：		
减：累计折旧			受托代理负债		
固定资产净值					
在建工程			负债合计		
固定资产清理					
固定资产合计					
文物资源					
无形资产：					
无形资产原价			净资产：		
减：累计摊销			非限定性净资产		
无形资产净值			限定性净资产		
长期待摊费用			净资产合计		
非流动资产合计					
受托代理资产：					
受托代理资产					
资产总计			负债和净资产总计		

业务活动表

会民非02表

编制单位：　　　　　　　　年　月　日　　　　　　单位：元

项目	本月数			本年累计数		
	非限定性	限定性	合计	非限定性	限定性	合计
一、收　入						
捐赠收入						
会费收入						
提供服务收入						
政府补助收入						
商品销售收入						
总部拨款收入						
投资收益						
其他收入						
收入合计						
二、费　用						
业务活动成本						
其中：						
税金及附加						
管理费用						
筹资费用						
资产减值损失						
所得税费用						
其他费用						
费用合计						

续表

项 目	本月数			本年累计数		
	非限定性	限定性	合计	非限定性	限定性	合计
三、限定性净资产转为非限定性净资产						
四、非限定性净资产转为限定性净资产						
五、以前年度净资产调整						
六、净资产变动额（若为净资产减少额，以“-”号填列）						

现金流量表

会民非03表

编制单位：　　　　　　　年　月　日　　　　　　　单位：元

项 目	本年金额	上年金额
一、业务活动产生的现金流量：		
接受捐赠收到的现金		
收取会费收到的现金		
提供服务收到的现金		
销售商品收到的现金		
政府补助收到的现金		
收到的其他与业务活动有关的现金		
现金流入小计		
提供捐赠或者资助支付的现金		
支付给员工以及为员工支付的现金		
购买商品、接受服务支付的现金		
各项税费支付的现金		
支付的其他与业务活动有关的现金		

续表

项　目	本年金额	上年金额
现金流出小计		
业务活动产生的现金流量净额		
二、投资活动产生的现金流量：		
收回投资所收到的现金		
取得投资收益所收到的现金		
处置固定资产、无形资产和其他非流动资产所收回的现金		
收到的其他与投资活动有关的现金		
现金流入小计		
购建固定资产、无形资产和其他非流动资产所支付的现金		
对外投资所支付的现金		
支付的其他与投资活动有关的现金		
现金流出小计		
投资活动产生的现金流量净额		
三、筹资活动产生的现金流量：		
借款所收到的现金		
收到的其他与筹资活动有关的现金		
现金流入小计		
偿还借款所支付的现金		
偿付利息所支付的现金		
支付的其他与筹资活动有关的现金		
现金流出小计		
筹资活动产生的现金流量净额		
四、汇率变动对现金的影响额		
五、现金及现金等价物净增加额		

第五部分　会计报表编制说明

一、资产负债表编制说明

1.本表反映民间非营利组织某一会计期末全部资产、负债和净资产的情况。

2.本表“年初余额”栏内各项数字，应当根据上年年末资产负债表“期末余额”栏内数字填列。如果本年度资产负债表规定的各个项目的名称和内容同上年度不相一致，应对上年年末资产负债表各项目的名称和数字按照本年度的规定进行调整，填入本表“年初余额”栏内。

3.本表“期末余额”各项目的内容和填列方法：

（1）“货币资金”项目，反映民间非营利组织期末库存现金、存放银行的各类款项以及其他货币资金的合计数。本项目应当根据“现金”、“银行存款”、“其他货币资金”科目的期末余额合计填列。如果民间非营利组织的受托代理资产为现金、银行存款或其他货币资金且通过“现金”、“银行存款”、“其他货币资金”科目核算，还应当扣减“现金”、“银行存款”、“其他货币资金”科目中“受托代理资产”明细科目的期末余额。

（2）“短期投资”项目，反映民间非营利组织持有的各种能够随时变现并且持有时间不准备超过1年（含1年）的投资。本项目应当根据“短期投资”科目的期末余额，减去“短期投资跌价准备”科目的期末余额后的金额填列。

（3）“应收款项”项目，反映民间非营利组织期末应收票据、应收账款和其他应收款等应收未收款项。本项目应当根据“应收票据”、“应收账款”、“其他应收款”科目的期末余额合计，减去“坏账准备”科目的期末余额后的金额填列。

（4）“预付账款”项目，反映民间非营利组织预付给商品或者服务供应单位等的款项。本项目应当根据“预付账款”科目的期末余额填列。

（5）“存货”项目，反映民间非营利组织在日常业务活动中持有以备出售或捐赠的，或者为了出售或捐赠仍处在生产过程中的，或者将在生产、提供服务或日常管理过程中耗用的材料、物资、商品等。本项目应当根据“存货”科目的期末余额，减去“存货跌价准备”科目的期末余额后的金额填列。

（6）“待摊费用”项目，反映民间非营利组织已经支出，但应当由本期和以后各期分别负担的、分摊期在1年以内（含1年）的各项费用，如预付保险费、预付租金等。本项目应当根据“待摊费用”科目的期末余额填列。

（7）“一年内到期的长期投资”项目，反映民间非营利组织将在1年以内（含1年）到期的长期债权投资或其他长期投资。本项目应当根据“长期债权投资”和“其他长期投资”科目的期末余额中将在1年以内（含1年）到期的长期债权投资余额和其他长期投资余额，减去“长期投资减值准备”科目的期末余额中1年以内（含1年）到期的长期债权投资减值准备余额和其他长期投资减值准备余额后的金额填列。

（8）“其他流动资产”项目，反映民间非营利组织除以上流动资产项目外的其他流动资产。本项目应当根据有关科目的期末余额分析填列。如果其他流动资产价值较大的，应当在会计报表附注中单独披露其内容和金额。

（9）“流动资产合计”项目，反映民间非营利组织期末流动资产的合计数。本项目应当按照本表中“货币资金”、“短期投资”、“应收款项”、“预付账款”、“存货”、“待摊费用”、“一年内到期的长期投资”、“其他流动资产”项目金额的合计数填列。

（10）“长期股权投资”项目，反映民间非营利组织不准备在1年以内（含1年）变现的各种股权性质的投资的可收回金额。本项目应当根据“长期股权投资”科目的期末余额，减去“长期投资减值准备”科目的期末余额中长期股权投资减值准备余额后的金额填列。

（11）“长期债权投资”项目，反映民间非营利组织不准备在1年以内（含1年）变现的各种债权性质的投资的可收回金额。本项目应当根据“长期债权投资”科目的期末余额，减去“长期投资减值准备”科目的期末余额中长期债权投资减值准备余额，再减去将在1年以内（含1年）到期的长期债权投资余额的金额填列。

（12）“其他长期投资”项目，反映民间非营利组织不准备在1年以内（含1年）变现的，除股权和债权以外的其他各类投资的可收回金额。本项目应当根据“其他长期投资”科目的期末余额，减去“长期投资减值准备”科目的期末余额中其他长期投资减值准备余额，再减去将在1年以内（含1年）到期的其他长期投资余额的金额填列。

（13）“长期投资合计”项目，反映民间非营利组织期末长期投资的合计数。本项目应当按照本表中“长期股权投资”、“长期债权投资”、“其他长期投资”项目金额的合计数填列。

（14）“固定资产原价”项目，反映民间非营利组织固定资产的原价。本项目应当根据“固定资产”科目的期末余额填列。

“累计折旧”项目，反映民间非营利组织期末固定资产已计提的累计折旧金额。本项目应当根据“累计折旧”科目的期末余额填列。

“固定资产净值”项目，反映民间非营利组织固定资产的账面价值。本项目应当根据“固定资产”科目的期末余额，减去“累计折旧”科目和“固定资产减值准备”科目（如有）的期末余额后的金额填列。

（15）“在建工程”项目，反映民间非营利组织期末各项未完工程的实际支出。本项目应当根据“在建工程”科目的期末余额填列。

（16）“固定资产清理”项目，反映民间非营利组织因出售、毁损、报废等原因转入清理但尚未清理完毕的固定资产的账面价值，以及固定资产清理过程中发生的清理费用和变价收入等各项金额的差额。本项目应当根据“固定资产清理”科目的期末借方余额填列；如果“固定资产清理”科目期末为贷方余额，则以“—”号填列。

（17）“固定资产合计”项目，反映民间非营利组织期末固定资产的合计数。本项目应当按照本表中“固定资产净值”、“在建工程”、“固定资产清理”项目金额的合计数填列。

（18）“文物资源”项目，反映民间非营利组织按照《中华人民共和国文物保护法》等有关法律、行政法规规定被认定为文物的有形资产和尚未被认定为文物的古籍等藏品。本项目应当根据“文物资源”科目的期末余额填列。

（19）“无形资产原价”项目，反映民间非营利组织无形资产的原价。本项目应当根据“无形资产”科目的期末余额填列。

“累计摊销”项目，反映民间非营利组织期末无形资产已计提的累计摊销金额。本项目应当根据“累计摊销”科目的期末余额填列。

“无形资产净值”项目，反映民间非营利组织的无形资产的账面价值。本项目应当根据“无形资产”科目的期末余额，减去“累计摊销”科目和“无形资产减值准备”科目（如有）的期末余额后的金额填列。

（20）“长期待摊费用”项目，反映民间非营利组织已经发生但应由本期和以后各期负担的分摊期限在1年以上（不含1年）的各项费用，如以经营租赁方式租入的固定资产发生的改良支出等。本项目应当根据“长期待摊费用”科目的期末余额填列。

（21）“非流动资产合计”项目，反映民间非营利组织期末非流动资产的合计数。本项目应当按照本表中“长期投资合计”、“固定资产合计”、“文物资源”、“无形资产净值”、“长期待摊费用”项目金额的合计数填列。

（22）“受托代理资产”项目，反映民间非营利组织接受委托方委托从事受托代理业务而收到的资产。本项目应当根据“受托代理资产”科目的期末余额填列。如果民间非营利组织的受托代理资产为现金、银行存款或其他货币资金且通过“现金”、“银行存款”、“其他货币资金”科目核算，还应当加上“现金”、“银行存款”、“其他货币资金”科目中“受托代理资产”明细科目的期末余额。

（23）“资产总计”项目，反映民间非营利组织期末资产的总计数。本项目应当按照本表中“流动资产合计”、“非流动资产合计”、“受托代理资产”项目金额的总计数填列。

（24）“短期借款”项目，反映民间非营利组织向银行或其他金融机构等借入的、尚未偿还的期限在1年以内（含1年）的各种借款。本项目应当根据“短期借款”科目的期末余额填列。

（25）“应付款项”项目，反映民间非营利组织期末应付票据、应付账款和其他应付款等应付未付款项。本项目应当根据“应付票据”、“应付账款”、

“其他应付款”科目的期末余额合计填列。

（26）“应付职工薪酬”项目，反映民间非营利组织应付未付的职工薪酬。本项目应当根据“应付职工薪酬”科目的期末贷方余额填列；如果“应付职工薪酬”科目期末为借方余额，以“—”号填列。

（27）“应交税费”项目，反映民间非营利组织应交未交的各种税费。本项目应当根据“应交税费”科目的期末贷方余额填列；如果“应交税费”科目期末为借方余额，则以“—”号填列。

（28）“预收账款”项目，反映民间非营利组织向服务和商品购买单位等预收的各种款项。本项目应当根据“预收账款”科目的期末余额填列。

（29）“预提费用”项目，反映民间非营利组织预先提取的已经发生但尚未实际支付的各项费用。本项目应当根据“预提费用”科目的期末余额填列。

（30）“一年内到期的长期负债”项目，反映民间非营利组织承担的将于1年以内（含1年）偿还的长期负债。本项目应当根据有关长期负债科目的期末余额中将在1年以内（含1年）到期的金额分析填列。

（31）“其他流动负债”项目，反映民间非营利组织除以上流动负债之外的其他流动负债。本项目应当根据有关科目的期末余额填列。如果其他流动负债金额较大的，应当在会计报表附注中单独披露其内容和金额。

（32）“流动负债合计”项目，反映民间非营利组织期末流动负债的合计数。本项目应当按照本表中“短期借款”、“应付款项”、“应付职工薪酬”、“应交税费”、“预收账款”、“预提费用”、“一年内到期的长期负债”、“其他流动负债”项目金额的合计数填列。

（33）“长期借款”项目，反映民间非营利组织向银行或其他金融机构等借入的期限在1年以上（不含1年）的各种借款本息。本项目应当根据“长期借款”科目的期末余额减去其中将于1年以内（含1年）到期的长期借款余额后的金额填列。

（34）“长期应付款”项目，反映民间非营利组织承担的各种长期应付款，如融资租入固定资产发生的应付租赁款。本项目应当根据“长期应付款”科目的期末余额减去其中将于1年以内（含1年）到期的长期应付款余额后的金额填列。

（35）"预计负债"项目，反映民间非营利组织对因或有事项所产生的现时义务而确认的负债。本项目应当根据"预计负债"科目的期末余额填列。

（36）"其他长期负债"项目，反映民间非营利组织除以上长期负债项目之外的其他长期负债。本项目应当根据有关科目的期末余额减去其中将于1年以内（含1年）到期的其他长期负债余额后的金额分析填列。如果其他长期负债金额较大的，应当在会计报表附注中单独披露其内容和金额。

（37）"长期负债合计"项目，反映民间非营利组织期末长期负债的合计数。本项目应当按照本表中"长期借款"、"长期应付款"、"预计负债"、"其他长期负债"项目金额的合计数填列。

（38）"受托代理负债"项目，反映民间非营利组织因从事受托代理业务、接受受托代理资产而产生的负债。本项目应当根据"受托代理负债"科目的期末余额填列。

（39）"负债合计"项目，反映民间非营利组织期末负债的合计数。本项目应当按照本表中"流动负债合计"、"长期负债合计"、"受托代理负债"项目金额的合计数填列。

（40）"非限定性净资产"项目，反映民间非营利组织拥有的非限定性净资产期末余额。本项目应当根据"非限定性净资产"科目的期末余额填列。

（41）"限定性净资产"项目，反映民间非营利组织拥有的限定性净资产期末余额。本项目应当根据"限定性净资产"科目的期末余额填列。

（42）"净资产合计"项目，反映民间非营利组织期末净资产的合计数。本项目应当按照本表中"非限定性净资产"、"限定性净资产"项目金额的合计数填列。

（43）"负债和净资产总计"项目，反映民间非营利组织期末负债和净资产的总计数。本项目应当按照本表中"负债合计"、"净资产合计"项目金额的合计数填列。

二、业务活动表编制说明

1.本表反映民间非营利组织在某一会计期间内开展业务活动的实际情况。

2.本表“本月数”栏反映各项目的本月实际发生数；在编制季度、半年度等中期财务会计报告时，应当将本栏改为“本季度数”、“本半年度数”等本中期数栏，反映各项目本中期的实际发生数。在提供上年度比较报表时，应当增设可比期间栏目，反映可比期间各项目的实际发生数。如果本年度业务活动表规定的各个项目的名称和内容同上年度不相一致，应对上年度业务活动表各项目的名称和数字按照本年度的规定进行调整，填入本表上年度可比期间栏目内。

本表“本年累计数”栏反映各项目自年初起至报告期末止的累计实际发生数。

本表“非限定性”栏反映本期非限定性收入、非限定性费用的实际发生数和本期由限定性净资产转为非限定性净资产的金额等；本表“限定性”栏反映本期限定性收入、限定性费用的实际发生数和本期由限定性净资产转为非限定性净资产的金额（以“－”号填列）等。在提供上年度比较报表项目金额时，限定性和非限定性栏目的金额可以合并填列。

3.本表各项目的内容和填列方法：

（1）“捐赠收入”项目，反映民间非营利组织接受其他单位或者个人捐赠所取得的收入总额。本项目应当根据“捐赠收入”科目的发生额填列。

（2）“会费收入”项目，反映民间非营利组织根据章程等的规定向会员收取的会费总额。本项目应当根据“会费收入”科目的发生额填列。

（3）“提供服务收入”项目，反映民间非营利组织根据章程等的规定向其服务对象提供服务取得的收入总额。本项目应当根据“提供服务收入”科目的发生额填列。

（4）“政府补助收入”项目，反映民间非营利组织接受政府拨款或者政府机构给予的补助而取得的收入总额。本项目应当根据“政府补助收入”科目的发生额填列。

（5）“商品销售收入”项目，反映民间非营利组织销售商品等所形成的收入总额。本项目应当根据“商品销售收入”科目的发生额填列。

（6）“总部拨款收入”项目，反映境外非政府组织代表机构从其总部取得的拨款收入。本项目应当根据“总部拨款收入”科目的发生额填列。

（7）“投资收益”项目，反映民间非营利组织以各种方式对外投资所取得的投资净损益。本项目应当根据“投资收益”科目的贷方发生额填列；如果为借方发生额，则以“—”号填列。

（8）“其他收入”项目，反映民间非营利组织除上述收入项目之外所取得的其他收入总额。本项目应当根据“其他收入”科目的发生额填列。

上述各项收入项目应当区分“限定性”和“非限定性”分别填列。

（9）“业务活动成本”项目，反映民间非营利组织为了实现其业务活动目标、开展其项目活动或者提供服务所发生的费用。本项目应当根据“业务活动成本”科目的发生额填列。

民间非营利组织应当根据其所从事的项目、提供的服务或者开展的业务等具体情况，按照“业务活动成本”科目中各明细科目的发生额填列业务活动成本的各组成部分。民间非营利组织作为委托人设立慈善信托的，应当在“业务活动成本”项目下，列报“设立慈善信托支出”项目，按照“业务活动成本”科目中“设立慈善信托支出”明细科目的发生额填列。

（10）“税金及附加”项目，反映民间非营利组织业务活动发生的消费税、城市维护建设税、教育费附加、房产税、城镇土地使用税、车船税、印花税等相关税费。本项目应当根据“税金及附加”的发生额填列。

（11）“管理费用”项目，反映民间非营利组织为组织和管理其业务活动所发生的各项费用总额。本项目应当根据“管理费用”科目的发生额填列。

（12）“筹资费用”项目，反映民间非营利组织为筹集业务活动所需资金而发生的各项费用总额，包括民间非营利组织获得捐赠资产而发生的费用以及应当计入当期费用的借款费用、汇兑损失（减汇兑收益）等。本项目应当根据“筹资费用”科目的发生额填列。民间非营利组织按照国务院有关部门的有关规定核算募捐成本的，应当在“筹资费用”项目下列报“募捐成本”项目，按照“筹资费用”科目中“募捐成本”明细科目的发生额填列。

（13）“资产减值损失”项目，反映民间非营利组织各项资产减值准备所形成的损失。本项目应当根据“资产减值损失”科目的发生额填列。

（14）“所得税费用”项目，反映有企业所得税缴纳义务的民间非营利组织按规定缴纳企业所得税所形成的费用。本项目应当根据“所得税费用”科目的发生额填列。

（15）“其他费用”项目，反映民间非营利组织除以上费用项目之外发生的其他费用总额。本项目应当根据有关科目的发生额填列。

上述各项费用项目应当区分“限定性”和“非限定性”分别填列。

（16）“限定性净资产转为非限定性净资产”项目，反映民间非营利组织当期从限定性净资产转入非限定性净资产的金额。本项目应当根据“限定性净资产”、“非限定性净资产”科目的发生额分析填列。

（17）“非限定性净资产转为限定性净资产”项目，反映民间非营利组织当期从非限定性净资产转入限定性净资产的金额。本项目应当根据“非限定性净资产”、“限定性净资产”科目的发生额分析填列。

（18）“以前年度净资产调整”项目，反映民间非营利组织当期调整以前年度净资产的金额。本项目应当根据“以前年度净资产调整”科目的发生额分析填列。

（19）“净资产变动额”项目，反映民间非营利组织当期净资产变动的金额。本项目应当根据本表“收入合计”项目的金额，减去“费用合计”项目的金额，再加上“限定性净资产转为非限定性净资产”、“非限定性净资产转为限定性净资产”、“以前年度净资产调整”项目的金额后填列。

三、现金流量表编制说明

1.本表反映民间非营利组织在某一会计期间内现金和现金等价物流入和流出的信息。

2.本表所指的现金，是指民间非营利组织的库存现金以及可以随时用于支付的存款，包括现金、可以随时用于支付的银行存款和其他货币资金；现金等价物，是指民间非营利组织持有的期限短、流动性强、易于转换为已知金额现金、价值变动风险很小的投资（除特别指明外，以下所指的现金均包含现金等价物）。

民间非营利组织应当根据实际情况确定现金等价物的范围，并且一贯性地保持其划分标准，如果改变划分标准，应当视为会计政策变更。民间非营利组织确定现金等价物的原则及其变更，应当在会计报表附注中披露。

3.现金流量表应当按照业务活动产生的现金流量、投资活动产生的现金流量和筹资活动产生的现金流量分别反映。本表所指的现金流量，是指现金的流入和流出。

4.民间非营利组织应当采用直接法编制业务活动产生的现金流量。采用直接法编制业务活动现金流量时，有关现金流量的信息可以从会计记录中直接获得，也可以在业务活动表收入和费用数据基础上，通过调整存货和与业务活动有关的应收应付款项的变动、投资以及固定资产折旧、无形资产摊销等项目后获得。

5.本表各项目的内容和填列方法：

（1）“接受捐赠收到的现金”项目，反映民间非营利组织接受其他单位或者个人捐赠取得的现金。本项目可以根据“现金”、“银行存款”、“捐赠收入”等科目的记录分析填列。

（2）“收取会费收到的现金”项目，反映民间非营利组织根据章程等的规定向会员收取会费取得的现金。本项目可以根据“现金”、“银行存款”、“应收账款”、“会费收入”等科目的记录分析填列。

（3）“提供服务收到的现金”项目，反映民间非营利组织根据章程等的规定向其服务对象提供服务取得的现金。本项目可以根据“现金”、“银行存款”、“应收账款”、“应收票据”、“预收账款”、“提供服务收入”等科目的记录分析填列。

（4）“销售商品收到的现金”项目，反映民间非营利组织销售商品取得的现金。本项目可以根据“现金”、“银行存款”、“应收账款”、“应收票据”、“预收账款”、“商品销售收入”等科目的记录分析填列。

（5）“政府补助收到的现金”项目，反映民间非营利组织接受政府拨款或者政府机构给予的补助而取得的现金。本项目可以根据“现金”、“银行存款”、“政府补助收入”等科目的记录分析填列。

（6）“收到的其他与业务活动有关的现金”项目，反映民间非营利组织收到的除以上业务之外的现金，包括直接计入净资产的注册资金。本项目可以根据

“现金”、“银行存款”、“其他应收款”、“其他收入”等科目的记录分析填列。

（7）“提供捐赠或者资助支付的现金”项目，反映民间非营利组织向其他单位和个人提供捐赠或者资助支出的现金。本项目可以根据“现金”、“银行存款”、“业务活动成本”等科目的记录分析填列。

（8）“支付给员工以及为员工支付的现金”项目，反映民间非营利组织开展业务活动支付给员工以及为员工支付的现金。本项目可以根据“现金”、“银行存款”、“应付职工薪酬”等科目的记录分析填列。

（9）民间非营利组织支付的在建工程人员的职工薪酬等，在本表“购建固定资产、无形资产和其他非流动资产所支付的现金”项目中反映。

（10）“购买商品、接受服务支付的现金”项目，反映民间非营利组织购买商品、接受服务而支付的现金。本项目可以根据“现金”、“银行存款”、“应付账款”、“应付票据”、“预付账款”、“业务活动成本”等科目的记录分析填列。

（11）“各项税费支付的现金”项目，反映民间非营利组织按规定支付的各种税费，包括本期发生并支付的税费，以及本期支付以前各期发生的税费和预交的税金。本项目可以根据“税金及附加”、“现金”、“银行存款”、“应交税费”等科目的记录分析填列。

（12）“支付的其他与业务活动有关的现金”项目，反映民间非营利组织除上述项目之外支付的其他与业务活动有关的现金。本项目可以根据“现金”、“银行存款”、“其他应付款”、“管理费用”、“其他费用”等科目的记录分析填列。

（13）“收回投资所收到的现金”项目，反映民间非营利组织出售、转让或者到期收回除现金等价物之外的短期投资、长期投资而收到的现金。不包括长期投资收回的股利、利息，以及收回的非现金资产。本项目可以根据“现金”、“银行存款”、“短期投资”、“长期股权投资”、“长期债权投资”、“其他长期投资”等科目的记录分析填列。

（14）“取得投资收益所收到的现金”项目，反映民间非营利组织因对外投资而取得的现金股利、利息，以及从被投资单位分回利润收到的现金；不包括股票股利。本项目可以根据“现金”、“银行存款”、“投资收益”等科目的记录分析填列。

（15）“处置固定资产、无形资产和其他非流动资产所收回的现金”项目，反映民间非营利组织处置固定资产、无形资产和其他非流动资产所取得的现金，减去为处置这些资产而支付的有关费用之后的净额。由于自然灾害所造成的固定资产等非流动资产损失而收到的保险赔款收入，也在本项目反映。本项目可以根据“现金”、“银行存款”、“固定资产清理”等科目的记录分析填列。

（16）“收到的其他与投资活动有关的现金”项目，反映民间非营利组织除上述各项之外收到的其他与投资活动有关的现金。其他现金流入如果金额较大的，应当单列项目反映。本项目可以根据“现金”、“银行存款”等有关科目的记录分析填列。

（17）“购建固定资产、无形资产和其他非流动资产所支付的现金”项目，反映民间非营利组织购买和建造固定资产，取得无形资产和其他非流动资产所支付的现金。不包括为购建固定资产而发生的借款利息资本化的部分，以及融资租入固定资产支付的租赁费。借款利息和融资租入固定资产支付的租赁费，在筹资活动产生的现金流量中反映。本项目可以根据“现金”、“银行存款”、“固定资产”、“无形资产”、“在建工程”等科目的记录分析填列。

（18）“对外投资所支付的现金”项目，反映民间非营利组织进行对外投资所支付的现金，包括取得除现金等价物之外的短期投资、长期投资所支付的现金，以及支付的佣金、手续费等附加费用。本项目可以根据“现金”、“银行存款”、“短期投资”、“长期股权投资”、“长期债权投资”、“其他长期投资”等科目的记录分析填列。

（19）“支付的其他与投资活动有关的现金”项目，反映民间非营利组织除上述各项之外，支付的其他与投资活动有关的现金。如果其他现金流出金额较大的，应当单列项目反映。本项目可以根据“现金”、“银行存款”等有关科目的记录分析填列。

（20）“借款所收到的现金”项目，反映民间非营利组织举借各种短期、长期借款所收到的现金。本项目可以根据“现金”、“银行存款”、“短期借款”、“长期借款”等科目的记录分析填列。

（21）“收到的其他与筹资活动有关的现金”项目，反映民间非营利组织除上述项目之外，收到的其他与筹资活动有关的现金。如果其他现金流入金额较大的，应当单列项目反映。本项目可以根据“现金”、“银行存款”等有关科目的记录分析填列。

（22）“偿还借款所支付的现金”项目，反映民间非营利组织以现金偿还债务本金所支付的现金。本项目可以根据“现金”、“银行存款”、“短期借款”、“长期借款”等科目的记录分析填列。

（23）“偿付利息所支付的现金”项目，反映民间非营利组织实际支付的借款利息、债券利息等。本项目可以根据“现金”、“银行存款”、“短期借款”、“长期借款”、“筹资费用”等科目的记录分析填列。

（24）“支付的其他与筹资活动有关的现金”项目，反映民间非营利组织除上述项目之外，支付的其他与筹资活动有关的现金，如融资租入固定资产所支付的租赁费。本项目可以根据“现金”、“银行存款”、“长期应付款”等有关科目的记录分析填列。

（25）“汇率变动对现金的影响额”项目，反映民间非营利组织外币现金流量及境外所属分支机构的现金流量折算为人民币时，所采用的现金流量发生当日的即期汇率折算的人民币金额与本表“现金及现金等价物净增加额”中外币现金净增加额按期末的即期汇率折算的人民币金额之间的差额。

（26）“现金及现金等价物净增加额”项目，反映民间非营利组织本年度现金及现金等价物变动的金额。本项目应当根据本表“业务活动产生的现金流量净额”、“投资活动产生的现金流量净额”、“筹资活动产生的现金流量净额”和“汇率变动对现金的影响额”项目的金额合计填列。

第六部分　会计报表附注

民间非营利组织的会计报表附注至少应当披露以下内容：

（一）会计报表编制基础及遵循民间非营利组织会计制度的声明。

（二）重要会计政策及其变更情况的说明。

（三）理事会或者类似权力机构成员和员工的数量、变动情况以及获得的薪金等报酬情况的说明。

（四）分支机构、代表机构设立情况的说明，包括分支机构、代表机构名称、设立时间、负责人情况等。

（五）会计报表重要项目及其增减变动情况的说明。

（六）资产提供者设置了时间限制或（和）用途限制的相关资产情况的说明。

（七）受托代理业务情况的说明，包括受托代理资产的构成、计价基础和依据、用途等。

（八）重大资产减值情况的说明。

（九）公允价值无法可靠取得的受赠资产和其他资产的名称、数量、来源和用途等情况的说明。

（十）文物资源（包括按照名义金额计量的文物资源）类型、数量、来源等情况的说明。

（十一）对外承诺和或有事项情况的说明。

（十二）接受服务捐赠情况的说明。

（十三）长期股权投资中，对被投资单位持有股份情况的说明，包括名称、股份取得方式、认缴金额及出资时间、实缴金额及出资时间、持股比例情况等。

（十四）对被投资单位具有控制、共同控制或重大影响的长期股权投资情况的说明，包括对被投资单位的影响程度及变动情况、持有股权的权益变动情况、被投资单位当年实现的净利润或发生的净亏损（财务会计报告报出日前未获得被投资单位经审计的净利润或净亏损金额的，可按估计值披露，同时注明为估计值，并在下一年度财务会计报告中披露当年实际值）等。

（十五）担任慈善信托的委托人和受托人的情况，包括参与的所有慈善信托的设立、变更、终止、信托事务处理情况和财产状况等。

（十六）出资设立其他民间非营利组织情况的说明。

（十七）资产负债表日后非调整事项的说明。

（十八）关联方的说明，包括关联方关系的性质、交易类型及交易要素等。交易要素至少包括交易的金额，未结算项目的金额、条款和条件，未结算应收项目的坏账准备金额，定价政策等。

（十九）发生的重大差错更正的说明。

（二十）有助于理解和分析会计报表需要说明的其他事项。

《民间非营利组织会计制度》修订前后对照表

修订前（原制度） （阴影划线部分为删去内容）	修订后（新制度） （黑体字部分为修订或新增内容）
第一章　总　则	**第一章　总　则**
第一条　为了规范民间非营利组织的会计核算，保证会计信息~~的真实、完整~~，根据《中华人民共和国会计法》及国家其他有关法律、行政法规的规定，制定本制度。	**第一条**　为了规范民间非营利组织的会计核算，保证会计信息**质量**，根据《中华人民共和国会计法》及国家其他有关法律、行政法规的规定，制定本制度。
第二条　本制度适用于在中华人民共和国境内依法设立的符合本制度规定特征的民间非营利组织。民间非营利组织包括依照国家法律、行政法规登记的社会团体、基金会、~~民办非企业单位和寺院、宫观、清真寺、教堂~~等。 适用本制度的民间非营利组织应当同时具备以下特征： （一）~~该组织不以营利为宗旨和目的；~~ （二）资源提供者向该组织投入资源不取得经济回报； （三）~~资源提供者不享有该组织的所有权。~~	**第二条**　本制度适用于在中华人民共和国境内依法设立的符合本制度规定特征的民间非营利组织。**国务院财政部门另有规定的，从其规定。** 前款所称的民间非营利组织包括依照国家法律、行政法规登记的社会团体、基金会、**社会服务机构、宗教活动场所、国际性社会团体、外国商会和境外非政府组织在中国境内依法登记设立的代表机构**等组织。 适用本制度的民间非营利组织应当同时具备以下特征： （一）**为公益目的或者其他非营利目的成立；** （二）资源提供者向该组织投入资源不取得经济回报； （三）**资源提供者对该组织的财产不保留或享有任何财产权利。**

▲修改要点：增加了适用制度的组织类型。与《宗教事务条例》（2017年修订）相衔接，将寺院、宫观、清真寺、教堂统一表述为宗教活动场所。与《中华人民共和国民法典》《中华人民共和国慈善法》《企业所得税法实施条例》等法律法规相衔接，修改了民间非营利组织的三个特征。

续表

第三条　会计核算应当以民间非营利组织的交易或者事项为对象，记录和反映该组织本身的各项~~业务活动~~。	**第三条**　会计核算应当以民间非营利组织的交易或者事项为对象，记录和反映该组织本身的各项**经济业务事项**。
第四条　会计核算应当以民间非营利组织的~~持续经营~~为前提。	第四条　会计核算应当以民间非营利组织的**持续开展活动**为前提。
第五条　会计核算应当划分会计期间，分期结算账目和编制财务会计报告。	**第五条**　会计核算应当划分会计期间，分期结算账目和编制财务会计报告。**会计期间至少分为年度和月度。会计年度、月度等会计期间的起讫日期采用公历日期。**
第六条　会计核算应当以人民币作为记账本位币。业务收支以人民币以外的货币为主的民间非营利组织，可以选定其中一种货币作为记账本位币，但是编制的财务会计报告应当折算为人民币。 民间非营利组织在核算外币业务时，应当设置相应的外币账户。外币账户包括外币现金、外币银行存款、以外币结算的债权和债务账户等，这些账户应当与非外币的各该相同账户分别设置，并分别核算。 民间非营利组织发生外币业务时，应当将有关外币金额折算为记账本位币金额记账。除另有规定外，所有与外币业务有关的账户，应当采用~~业务发生时的汇率~~。~~当汇率波动较小时，也可以采用业务发生当期期初的汇率进行折算。~~	**第六条**　会计核算应当以人民币作为记账本位币。业务收支以人民币以外的货币为主的民间非营利组织，可以选定其中一种货币作为记账本位币，但是编制的财务会计报告应当折算为人民币。 民间非营利组织在核算外币业务时，应当设置相应的外币账户。外币账户包括外币现金、外币银行存款、以外币结算的债权和债务账户等，这些账户应当与非外币的各该相同账户分别设置，并分别核算。 民间非营利组织发生外币业务时，应当将有关外币金额折算为记账本位币金额记账。除另有规定外，所有与外币业务有关的账户，应当采用**业务发生当日的即期汇率**。

▲ **修改要点：** 增加了关于会计期间的说明

续表

各种外币账户的外币余额，期末时应当按照期末汇率折合为记账本位币。按照期末汇率折合的记账本位币金额与账面记账本位币金额之间的差额，作为汇兑损益计入当期费用。但是，属于在借款费用应予资本化的期间内发生的与购建固定资产有关的外币专门借款本金及其利息所产生的汇兑差额，应当予以资本化，计入固定资产成本。借款费用应予资本化的期间依照本制度第三十五条加以确定。 本制度所称外币业务是指以记账本位币以外的货币进行的款项收付、往来结算等业务。 **本制度所称的专门借款是指为购建**固定资产**而专门借入的款项。**	各种外币账户的外币余额，期末时应当按照**期末的即期汇率**折合为记账本位币。按照**期末的即期汇率**折合的记账本位币金额与账面记账本位币金额之间的差额，作为汇兑损益计入当期费用。但是，属于在借款费用应予资本化的期间内发生的与**购建固定资产、无形资产等非流动资产**有关的外币专门借款本金及其利息所产生的汇兑差额，应当予以资本化，计入**固定资产、无形资产等非流动资产成本**。借款费用应予资本化的期间依照本制度**第三十八条**加以确定。 本制度所称外币业务是指以记账本位币以外的货币进行的款项收付、往来结算等业务。 **本制度所称的专门借款是指为**购建**固定资产、无形资产**等非流动资产**而专门借入的款项。**
第七条　会计核算应当以权责发生制为基础。	**第七条**　会计核算应当以权责发生制为基础。
第八条　民间非营利组织在会计核算时，应当遵循以下基本原则： （一）会计核算应当以实际发生的交易或者事项为依据，如实反映民间非营利组织的财务状况、业务活动情况和现金流量等信息。	第八条　民间非营利组织在会计核算时，应当遵循以下基本原则： （一）会计核算应当以实际发生的交易或者事项为依据，如实反映民间非营利组织的财务状况、业务活动情况和现金流量等信息。

▲修改要点： 汇率采用“业务发生当日的即期汇率”；“购建固定资产”改为“购建固定资产、无形资产等非流动资产”。

续表

▲修改要点：会计信息使用者例举增加了“出资人、设立人”	（二）会计核算所提供的信息应当能够满足会计信息使用者（如捐赠人、会员、监管者等）的需要。	（二）会计核算所提供的信息应当能够满足会计信息使用者（如**出资人、设立人**、捐赠人、会员、监管者等）的需要。
	（三）会计核算应当按照交易或者事项的实质进行，而不应当仅仅按照它们的法律形式作为其依据。	（三）会计核算应当按照交易或者事项的实质进行，而不应当仅仅按照它们的法律形式作为其依据。
	（四）会计政策前后各期应当保持一致，不得随意变更。如有必要变更，应当在会计报表附注中披露变更的内容和理由、~~变更的累积影响数，以及累积影响数不能合理确定的理由等。~~	（四）会计政策前后各期应当保持一致，不得随意变更。如有必要变更，应当在会计报表附注中披露变更的内容和理由、**变更的累积影响数等，累积影响数不能合理确定的，应当披露累积影响数不能合理确定的理由**。
	（五）会计核算应当按照规定的会计处理方法进行，会计信息应当口径一致、相互可比。	（五）会计核算应当按照规定的会计处理方法进行，会计信息应当口径一致、相互可比。
	（六）会计核算应当及时进行，不得提前或延后。	（六）会计核算应当及时进行，不得提前或延后。
	（七）会计核算和编制的财务会计报告应当清晰明了，便于理解和使用。	（七）会计核算和编制的财务会计报告应当清晰明了，便于理解和使用。
	（八）在会计核算中，所发生的费用应当与其相关的收入相配比，同一会计期间内的各项收入和与其相关的费用，应当在该会计期间内确认。	（八）在会计核算中，所发生的费用应当和与其相关的收入相配比，同一会计期间内的各项收入和与其相关的费用，应当在该会计期间内确认。
▲修改要点：原制度（九）此处删除，在新制度第十六条单独列示说明	~~（九）资产在取得时应当按照实际成本计量，但本制度有特别规定的，按照特别规定的计量基础进行计量。其后，资产账面价值的调整，应当按照本制度的规定执行；除法律、行政法规和国家统一的会计制度另有规定外，民间非营利组织一律不得自行调整资产账面价值。~~	（九）会计核算应当遵循谨慎性原则。

续表

（十）会计核算应当遵循谨慎性原则。 （十一）会计核算应当合理划分应当计入当期费用的支出和应当予以资本化的支出。 （十二）会计核算应当遵循重要性原则，对资产、负债、净资产、收入、费用等有较大影响，并进而影响财务会计报告使用者据以做出合理判断的重要会计事项，必须按照规定的会计方法和程序进行处理，并在财务会计报告中予以充分披露；对于非重要的会计事项，在不影响会计信息真实性和不致于误导会计信息使用者做出正确判断的前提下，可适当简化处理。	（十）会计核算应当合理划分应当计入当期费用的支出和应当予以资本化的支出。 （十一）会计核算应当遵循重要性原则，对资产、负债、净资产、收入、费用等有较大影响，并进而影响财务会计报告使用者据以做出合理判断的重要会计事项，必须按照规定的会计方法和程序进行处理，并在财务会计报告中予以充分披露；对于非重要的会计事项，在不影响会计信息真实性和不至于误导会计信息使用者做出正确判断的前提下，可适当简化处理。
第九条　会计记账应当采用借贷记账法。	第九条　会计记账应当采用借贷记账法。
第十条　会计记录的文字应当使用中文。在民族自治地区，会计记录可以同时使用当地通用的一种民族文字。~~境外民间非营利组织在中华人民共和国境内设立的代表处、办事处等机构~~，也可以同时使用一种外国文字记账。	第十条　会计记录的文字应当使用中文。在民族自治地区，会计记录可以同时使用当地通用的一种民族文字。**国际性社会团体、外国商会、境外非政府组织在中国境内依法登记设立的代表机构等机构**，可以同时使用一种外国文字记账。
第十一条　民间非营利组织~~应当~~根据有关会计法律、行政法规和本制度的规定，在不违反本制度的前提下，结合其具体情况，制定~~会计核算办法~~。	第十一条　民间非营利组织**可以**根据有关会计法律、行政法规和本制度的规定，在不违反本制度的前提下，结合其具体情况，制定**会计核算细则**。

续表

第十二条 民间非营利组织填制会计凭证、登记会计账簿、管理会计档案等，按照《中华人民共和国会计法》、《会计基础工作规范》和《会计档案管理办法》等规定执行。	**第十二条** 民间非营利组织填制会计凭证、登记会计账簿、**编制财务会计报告**、管理会计档案等，按照《中华人民共和国会计法》、《会计基础工作规范》和《会计档案管理办法》等规定执行。
第十三条 民间非营利组织应当根据国家有关法律、行政法规~~和内部会计控制规范~~，结合本单位的业务活动特点，~~制定相适应的内部会计控制制度~~，~~以加强内部会计监督~~，提高会计信息质量和管理水平。	**第十三条** 民间非营利组织应当根据国家有关法律、行政法规等，结合本单位的业务活动特点，**建立健全本单位内部会计监督制度，并将其纳入本单位内部控制制度**，提高会计信息质量和管理水平。
第二章　资　产	**第二章　资　产**
第十四条 资产是指过去的交易或者事项形成并由民间非营利组织拥有或者控制的资源，该资源预期会给民间非营利组织带来经济利益或者服务潜力。资产~~应当按其流动性~~分为流动资产、~~长期投资、固定资产、无形资产和受托代理资产等~~。	**第十四条** 资产是过去的交易或者事项形成并由民间非营利组织拥有或者控制的资源，该资源预期会给民间非营利组织带来经济利益或者服务潜力。资产分为流动资产、**非流动资产和受托代理资产，非流动资产包括长期投资、固定资产、无形资产等**。
	第十五条 **对符合本制度第十四条规定的资产定义的资源，在同时满足以下条件时，应当确认为资产：** **（一）与该资源有关的服务潜力很可能实现或者经济利益很可能流入民间非营利组织；** **（二）该资源的成本或者价值能够可靠地计量。** **符合资产定义并确认的资产项目，应当列入资产负债表。**

▲修改要点：对资产分类进行了调整。

▲修改要点：新制度增加“资产确认条件”

续表

	第十六条　**资产在取得时应当按照实际成本计量，但本制度有特别规定的，按照特别规定的计量基础进行计量。其后，资产账面价值的调整，应当按照本制度的规定执行；除法律、行政法规和国家统一的会计制度另有规定外，民间非营利组织一律不得自行调整资产账面价值。**	**▲修改要点：** 新制度第十六条对应原制度第八条（九）的相关内容。
第十五条　民间非营利组织应当定期或者至少于每年年度终了，对短期投资、应收款项、存货、长期投资等资产是否发生了减值进行检查，如果这些资产发生了减值，应当计提减值准备，确认减值损失，并计入当期费用。对于固定资产、无形资产等其他资产，如果发生了重大减值，也应当计提减值准备，确认减值损失，并计入当期费用。如果已计提减值准备的资产价值在以后会计期间得以恢复，则应当在该资产已计提减值准备的范围内部分或全部转回已确认的减值损失，冲减当期费用。	第十七条　民间非营利组织应当定期或者至少于每年年度终了，对短期投资、应收款项、存货、长期投资等资产是否发生了减值进行检查，如果这些资产发生了减值，应当计提减值准备，确认减值损失，并计入当期费用。对于固定资产、无形资产等其他资产，如果发生了重大减值，也应当计提减值准备，确认减值损失，并计入当期费用。如果已计提减值准备的资产价值在以后会计期间得以恢复，则应当在该资产已计提减值准备的范围内部分或全部转回已确认的减值损失，冲减当期费用。	
第十六条　对于民间非营利组织接受捐赠的现金资产，应当按照实际收到的金额入账。对于民间非营利组织接受捐赠的非现金资产，~~如接受捐赠的短期投资、存货、长期投资、固定资产和无形资产等，~~应当按照以下方法确定其入账价值：	第十八条　对于民间非营利组织接受捐赠收到的现金资产，应当按照实际收到的金额入账。**对于民间非营利组织接受捐赠收到的股权，应当按照民间非营利组织根据有关规定开具的捐赠票据等凭据金额入账。**对于民间非营利组织接受捐赠收到的其他非现金资产，应当按照以下方法确定其入账价值：	**▲修改要点：** 对于"接受捐赠收到的股权"的确认依据进行了明确。

续表

（一）如果捐赠方提供了有关凭据（如发票、报关单、有关协议等）的，应当按照凭据上标明的金额作为入账价值。如果凭据上标明的金额与受赠资产公允价值相差较大，受赠资产应当以其公允价值作为其入账价值。 （二）如果捐赠方没有提供有关凭据的，受赠资产应当以其公允价值作为入账价值。 ~~对于民间非营利组织接受的劳务捐赠，不予确认，但应当在会计报表附注中作相关披露。~~	（一）如果捐赠方提供了有关凭据（如发票、报关单、有关协议等）的，应当按照凭据上标明的金额作为入账价值。 （二）如果捐赠方没有提供有关凭据，或者凭据上标明的金额与受赠资产公允价值相差较大，受赠资产应当以其公允价值作为入账价值。 （三）**对于民间非营利组织接受的固定资产、无形资产捐赠，如果捐赠方没有提供有关凭据，且有确凿的证据表明该资产的公允价值确实无法可靠计量，应当按照名义金额（即人民币1元）入账。对于民间非营利组织接受的文物资源捐赠，如果捐赠方没有提供有关凭据，应当按照名义金额入账。**
~~对于民间非营利组织接受的劳务捐赠，不予确认，但应当在会计报表附注中作相关披露。~~	（四）**对于民间非营利组织接受的服务捐赠，如果捐赠方提供了发票等有关凭据，且凭据上标明的金额能够反映受赠服务的公允价值，民间非营利组织应当按照凭据金额入账，其他情况不予确认。** （五）**民间非营利组织接受非现金资产捐赠时发生的应归属于其自身的相关税费、运输费等，应当计入筹资费用。**
第十七条　本制度中所称的公允价值是指~~在公平交易中，熟悉情况的交易双方自愿进行资产交换或者债务清偿的金额。~~公允价值的确定顺序如下：	**第十九条**　本制度中所称的公允价值是指**市场参与者在计量日发生的有序交易中，出售一项资产所能收到或者转移一项负债所需支付的价格**。公允价值的确定顺序如下：

▲修改要点：新制度增加了“名义金额”入账的情形。

▲修改要点：新制度将“劳务”的表述改为“服务”，并明确了确认“服务捐赠”的条件。

▲修改要点：新制度对公允价值的定义进行了修改。

续表

（一）如果同类或者类似资产存在活跃市场的，应当按照同类或者类似资产的市场价格确定公允价值。 （二）如果同类或类似资产不存在活跃市场，或者无法找到同类或者类似资产的，应当采用合理的计价方法确定资产的公允价值。 ~~在本制度规定应当采用公允价值的情况下，如果有确凿的证据表明资产的公允价值确实无法可靠计量，则民间非营利组织应当设置辅助账，单独登记所取得资产的名称、数量、来源、用途等情况，并在会计报表附注中作相关披露。在以后会计期间，如果该资产的公允价值能够可靠计量，民间非营利组织应当在其能够可靠计量的会计期间予以确认，并以公允价值计量。~~	（一）如果同类或者类似资产存在活跃市场的，应当按照同类或者类似资产的市场价格确定公允价值。 **本项所指的市场价格，一般指取得资产当日捐赠方自产物资的出厂价、捐赠方所销售物资的销售价、政府指导价、知名大型电商平台同类或者类似商品价格等**。 （二）如果同类或类似资产不存在活跃市场，或者无法找到同类或者类似资产的，应当采用合理的计价方法确定资产的公允价值。
第十八条　民间非营利组织如发生非货币性交易，应当按照以下原则处理： （一）以换出资产的~~账面价值~~，加上应支付的相关税费，作为换入资产的入账价值。 （二）非货币性交易中如果发生补价，应区别不同情况处理：	第二十条　民间非营利组织如发生非货币性交易，应当按照以下原则处理： （一）以换出资产的**公允价值**，加上应支付的相关税费，作为换入资产的入账价值。 （二）非货币性交易中如果发生补价，应区别不同情况处理：
1. 支付补价的~~民间非营利组织，应~~以换出资产的~~账面价值~~加上补价和应支付的相关税费，作为换入资产的入账价值。	1. 支付补价的，以换出资产的**公允价值**加上支付的补价和应支付的相关税费，作为换入资产的入账价值。**换出资产的公允价值与其账面价值之间的差额计入当期损益**。

▲ **修改要点：** 新制度将换入资产的入账价值由“换出资产的账面价值”调整为“换出资产的公允价值”。

续表

2.收到补价的~~民间非营利组织，应~~按以下公式确定换入资产的入账价值和应确认的收入或费用： ~~换入资产入账价值＝换出资产账面价值－（补价÷换出资产公允价值）×换出资产账面价值－（补价÷换出资产公允价值）×应交税金＋应支付的相关税费~~ ~~应确认的收入或费用＝补价×[1－（换出资产账面价值＋应交税金）÷换出资产公允价值]~~ （三）在非货币性交易中，如果同时换入多项资产，应按换入各项资产的公允价值占换入资产公允价值总额的比例，对~~换出资产的账面价值总额~~和应支付的相关税费进行分配，以确定各项换入资产的入账价值。 本制度所称非货币性交易是指交易双方以非货币性资产进行的交换，这种交换不涉及或只涉及少量的货币性资产（即补价）。其中，~~货币性资产是指持有的现金及将以固定或可确定金额的货币收取的资产~~；非货币性资产是指货币性资产以外的资产。	**有确凿证据表明换入资产的公允价值更加可靠的，以换入资产的公允价值和应支付的相关税费作为换入资产的初始计量金额，换入资产的公允价值减去支付补价的公允价值，与换出资产账面价值之间的差额计入当期损益**。 2.收到补价的，以**换出资产的公允价值减去收到的补价再加上应支付的相关税费，作为换入资产的入账价值。换出资产的公允价值与其账面价值之间的差额计入当期损益**。 **有确凿证据表明换入资产的公允价值更加可靠的，以换入资产的公允价值和应支付的相关税费作为换入资产的初始计量金额，换入资产的公允价值加上收到补价的公允价值，与换出资产账面价值之间的 差额计入当期损益**。 （三）在非货币性交易中，如果同时换入多项资产，应按换入各项资产的公允价值占换入资产公允价值总额的比例，对**换出资产的公允价值总额**和应支付的相关税费进行分配，以确定各项换入资产的入账价值。 本制度所称非货币性交易是指交易双方以非货币性资产进行的交换，该交换不涉及或只涉及少量的货币性资产（即补价）。其中，**货币性资产是指民间非营利组织持有的货币资金和收取固定或可确定金额的货币资金的权利**；非货币性资产是指货币性资产以外的资产。

续表

第一节　流动资产	第一节　流动资产
第十九条　流动资产是指预期可在1年内（含1年）变现或者耗用的资产，主要包括~~现金、银行存款~~、短期投资、应收款项、预付账款、存货、待摊费用等。	第二十一条　流动资产是指预期可在1年以内（含1年）变现或者耗用的资产，主要包括**货币资金**、短期投资、应收款项、预付账款、存货、待摊费用等。
第二十条　民间非营利组织应当设置现金和银行存款日记账，按照业务发生顺序逐日逐笔登记。有外币现金和存款的民间非营利组织，还应当分别按人民币和外币进行明细核算。 现金的核算应当做到日清月结，其账面余额必须与库存数相符；银行存款的账面余额应当与银行对账单定期核对，并与按月编制的银行存款余额调节表调节相符。 本制度所称的账面余额是指会计科目的账面实际余额，不扣除作为该科目备抵的项目（如累计折旧、资产减值准备等）。	第二十二条　**货币资金包括现金、银行存款和其他货币资金。** 民间非营利组织应当设置现金和银行存款日记账，按照业务发生顺序逐日逐笔登记。有外币现金和存款的民间非营利组织，还应当分别按人民币和外币进行明细核算。 现金的核算应当做到日清月结，其账面余额必须与库存数相符；银行存款的账面余额应当与银行对账单定期核对，并与按月编制的银行存款余额调节表调节相符。 本制度所称的账面余额是指会计科目的账面实际余额，不扣除作为该科目备抵的项目（如累计折旧、资产减值准备等）。
第二十一条　短期投资是指能够随时变现并且持有时间不准备超过1年（含1年）的投资，~~包括股票、债券投资等~~。 （一）短期投资在取得时应当按照投资成本计量。短期投资取得时的投资成本按以下方法确定：	第二十三条　短期投资是指能够随时变现并且持有时间不准备超过1年（含1年）的投资。 （一）短期投资在取得时应当按照投资成本计量。短期投资取得时的投资成本按以下方法确定：

▲**修改要点：**新制度明确了“货币资金”的内容。

续表

1.以现金购入的短期投资，按照实际支付的全部价款，包括税金、手续费等相关税费作为其投资成本。实际支付的价款中包含的已宣告但尚未领取的现金股利或已到付息期但尚未领取的债券利息，应当作为应收款项单独核算，不构成短期投资成本。 2.接受捐赠的短期投资，按照本制度~~第十六条~~的规定确定其投资成本。 3.通过非货币性交易换入的短期投资，按照本制度~~第十八条~~的规定确定其投资成本。 （二）短期投资的利息或现金股利应当于实际收到时冲减投资的账面价值，但在购买时已计入应收款项的现金股利或者利息除外。 （三）期末，民间非营利组织应当按照本制度~~第十五条~~的规定对短期投资是否发生了减值进行检查。如果短期投资的市价低于其账面价值，应当按照市价低于账面价值的差额计提短期投资跌价准备，确认短期投资跌价损失并计入当期费用。如果短期投资的市价高于其账面价值，应当在该短期投资期初已计提跌价准备的范围内转回市价高于账面价值的差额，冲减当期费用。	1.以现金购入的短期投资，按照实际支付的全部价款，包括税金、手续费等相关税费作为其投资成本。实际支付的价款中包含的已宣告但尚未领取的现金股利或已到付息期但尚未领取的债券利息，应当作为应收款项单独核算，不构成短期投资成本。 2.接受捐赠的短期投资，按照本制度**第十八条**的规定确定其投资成本。 3.通过非货币性交易换入的短期投资，按照本制度**第二十条**的规定确定其投资成本。 （二）短期投资的利息或现金股利应当于实际收到时冲减投资的账面价值，但在购买时已计入应收款项的现金股利或者利息除外。 （三）期末，民间非营利组织应当按照本制度**第十七条**的规定对短期投资是否发生了减值进行检查。如果短期投资的市价低于其账面价值，应当按照市价低于账面价值的差额计提短期投资跌价准备，确认短期投资跌价损失并计入当期费用；如果短期投资的市价高于其账面价值，应当在该短期投资期初已计提跌价准备的范围内转回市价高于账面价值的差额，冲减当期费用。

续表

（四）处置短期投资时，应当将实际取得价款与短期投资账面价值的差额确认为当期投资损益。 本制度所称的账面价值是指某会计科目的账面余额减去相关的备抵项目后的净额。 ~~民间非营利组织的委托贷款和委托投资（包括委托理财）应当区分期限长短，分别作为短期投资和长期投资核算和列报。~~	（四）处置短期投资时，应当将实际取得价款与短期投资账面价值的差额确认为当期投资损益。 本制度所称的账面价值是指某会计科目的账面余额减去相关的备抵项目后的净额。
第二十二条　应收款项是指民间非营利组织在日常业务活动过程中发生的各项应收未收债权，包括应收票据、应收账款和其他应收款等。 （一）应收款项应当按照实际发生额入账，并按照往来单位或个人等设置明细账，进行明细核算。 （二）期末，应当分析应收款项的可收回性，对预计可能产生的坏账损失计提坏账准备，确认坏账损失并计入当期费用。	第二十四条　应收款项是指民间非营利组织在日常业务活动过程中发生的各项应收未收债权，包括应收票据、应收账款和其他应收款等。 （一）应收款项应当按照实际发生额入账，并按照往来单位或个人等设置明细账，进行明细核算。 （二）期末，应当分析应收款项的可收回性，对预计可能产生的坏账损失计提坏账准备，确认坏账损失并计入当期费用。
第二十三条　预付账款是指民间非营利组织预付给商品供应单位或者服务提供单位的款项。 预付账款应当按照实际发生额入账，并按照往来单位或个人等设置明细账，进行明细核算。	第二十五条　预付账款是指民间非营利组织预付给商品供应单位或者服务提供单位的款项。 预付账款应当按照实际发生额入账，并按照往来单位或个人等设置明细账，进行明细核算。

续表

第二十四条　存货是指民间非营利组织在日常业务活动中持有以备出售或捐赠的，或者为了出售或捐赠仍处在生产过程中的，或者将在生产、提供服务或日常管理过程中耗用的材料、物资、商品等。 （一）存货在取得时，应当以其实际成本入账。存货成本包括采购成本、加工成本和其他成本。其中，采购成本一般包括实际支付的采购价款、相关税费、运输费、装卸费、保险费以及其他可直接归属于存货采购的费用。加工成本包括直接人工以及按照合理方法分配的与存货加工有关的间接费用。其他成本是指除采购成本、加工成本以外的，使存货达到目前场所和状态所发生的其他支出。接受捐赠的存货，按照本制度~~第十六条~~的规定确定其成本。通过非货币性交易换入的存货，按照本制度~~第十八条~~的规定确定其成本。 （二）存货在发出时，应当根据实际情况采用个别计价法、先进先出法或者加权平均法，确定发出存货的实际成本。	第二十六条　存货是指民间非营利组织在日常业务活动中持有以备出售或捐赠的，或者为了出售或捐赠仍处在生产过程中的，或者将在生产、提供服务或日常管理过程中耗用的材料、物资、商品等。 （一）存货在取得时，应当以其实际成本入账。存货成本包括采购成本、加工成本和其他成本。其中，采购成本一般包括实际支付的采购价款、相关税费、运输费、装卸费、保险费以及其他可直接归属于存货采购的费用。加工成本包括直接人工以及按照合理方法分配的与存货加工有关的间接费用。其他成本是指除采购成本、加工成本以外的，使存货达到目前场所和状态所发生的其他支出。接受捐赠的存货，按照本制度**第十八条**的规定确定其成本。通过非货币性交易换入的存货，按照本制度**第二十条**的规定确定其成本。 （二）存货在发出时，应当根据实际情况采用个别计价法、先进先出法或者加权平均法，确定发出存货的实际成本。

续表

（三）存货应当定期进行清查盘点，每年至少盘点一次。对于发生的盘盈、盘亏以及变质、毁损等存货，应当及时查明原因，并根据民间非营利组织的管理权限，经理事会、董事会或类似权力机构批准后，在期末结账前处理完毕。对于盘盈的存货，应当按照其公允价值入账，并确认为当期收入；对于盘亏或者毁损的存货，应先扣除残料价值、可以收回的保险赔偿和过失人的赔偿等，将净损失确认为当期费用。 （四）期末，民间非营利组织应当按照本制度第十五条的规定对存货是否发生了减值进行检查。如果存货的可变现净值低于其账面价值，应当按照可变现净值低于账面价值的差额计提存货跌价准备，确认存货跌价损失并计入当期费用。如果存货的可变现净值高于其账面价值，应当在该存货期初已计提跌价准备的范围内转回可变现净值高于账面价值的差额，冲减当期费用。 本制度所称的可变现净值是指在正常业务活动中，以存货的估计售价减去至完工将要发生的成本以及销售所必需的费用后的金额。	（三）存货应当定期进行清查盘点，每年至少盘点一次。对于发生的盘盈、盘亏以及变质、毁损等存货，应当及时查明原因，并根据民间非营利组织的管理权限，经理事会或类似权力机构批准后，在期末结账前处理完毕。对于盘盈的存货，应当按照其公允价值入账，并确认为当期收入；对于盘亏或者毁损的存货，应先扣除残料价值、可以收回的保险赔偿和过失人的赔偿等，将净损失确认为当期费用。 （四）期末，民间非营利组织应当按照本制度**第十七条**的规定对存货是否发生了减值进行检查。如果存货的可变现净值低于其账面价值，应当按照可变现净值低于账面价值的差额计提存货跌价准备，确认存货跌价损失并计入当期费用；如果存货的可变现净值高于其账面价值，应当在该存货期初已计提跌价准备的范围内转回可变现净值高于账面价值的差额，冲减当期费用。 本制度所称的可变现净值是指在正常业务活动中，以存货的估计售价减去至完工将要发生的成本以及销售所必需的费用后的金额。

▲ **修改要点：**新制度中统一删除了关于“董事会”的表述。

续表

第二十五条　待摊费用是指民间非营利组织已经支出，但应当由本期和以后各期分别负担的、分摊期在1年以内（含1年）的各项费用，如预付保险费、预付租金等。 待摊费用应当按其受益期限在1年内分期平均摊销，计入有关费用。	第二十七条　待摊费用是指民间非营利组织已经支出，但应当由本期和以后各期分别负担的、分摊期在1年以内（含1年）的各项费用，如预付保险费、预付租金等。 待摊费用应当按其受益期限在1年内分期平均摊销，计入有关费用。
第二节　长期投资	第二节　长期投资
第二十六条　长期投资，是指除短期投资以外的投资，包括长期股权投资和长期债权投资等。	**第二十八条**　长期投资，是指除短期投资以外的投资，包括长期股权投资、长期债权投资**和其他长期投资**等。
第二十七条　长期股权投资应当按照以下原则核算。 （一）长期股权投资在取得时，应当按取得时的实际成本作为初始投资成本。初始投资成本按以下方法确定： 1.以现金购入的长期股权投资，按照实际支付的全部价款，包括税金、手续费等相关费用，作为初始投资成本。实际支付的价款中包含的已宣告但尚未领取的现金股利，应当作为应收款项单独核算，不构成初始投资成本。 2.接受捐赠的长期股权投资，按照本制度~~第十六条~~的规定，确定其初始投资成本。 3.通过非货币性交易换入的长期股权投资，按照本制度~~第十八条~~的规定确定其初始投资成本。	第二十九条　长期股权投资应当按照以下原则进行**会计处理**。 （一）长期股权投资在取得时，应当按取得时的实际成本作为初始投资成本。初始投资成本按以下方法确定： 1.以现金购入的长期股权投资，按照实际支付的全部价款，包括税金、手续费等相关费用，作为初始投资成本。实际支付的价款中包含的已宣告但尚未领取的现金股利，应当作为应收款项单独核算，不构成初始投资成本。 2.接受捐赠的长期股权投资，按照本制度**第十八条**的规定，确定其初始投资成本。 3.通过非货币性交易换入的长期股权投资，按照本制度**第二十条**的规定确定其初始投资成本。

▲**修改要点：**新制度在“长期投资”项下增加了“其他长期投资”。

续表

（二）长期股权投资应当区别不同情况，分别采用成本法或者权益法核算。如果民间非营利组织对被投资单位无控制、无共同控制且无重大影响，长期股权投资应当采用成本法进行核算；如果民间非营利组织对被投资单位具有控制、共同控制或重大影响，长期股权投资应当采用权益法进行核算。 采用成本法核算时，被投资单位经股东大会或者类似权力机构批准宣告发放的利润或现金股利，作为当期投资收益。 采用权益法核算时，按应当享有或应当分担的被投资单位当年实现的净利润或发生的净亏损的份额调整投资账面价值，并作为当期投资损益。按被投资单位宣告分派的利润或现金股利计算分得的部分，减少投资账面价值。 被投资单位宣告分派的股票股利不作账务处理，但应当设置辅助账进行数量登记。 本制度所称的控制是指有权决定被投资单位的财务和经营政策，并能据以从该单位的经营活动中获得利益；本制度所称的共同控制，是指按合同约定对某项经济活动所共有的控制；本制度所称的重大影响，是指对被投资单位的财务和经营政策有参与决策的权力，但并不决定这些政策。	（二）**长期股权投资应当采用成本法核算**。 被投资单位经股东大会或者类似权力机构批准宣告发放的利润或现金股利，作为当期投资收益。 被投资单位宣告分派的股票股利不作账务处理，但应当设置辅助账进行数量登记。 **如果民间非营利组织对被投资单位具有控制、共同控制或重大影响，应当在会计报表附注中作相关披露**。本制度所称的控制是指有权决定被投资单位的财务和经营政策，并能据以从该单位的经营活动中获得利益；本制度所称的共同控制，是指按合同约定对某项经济活动所共有的控制；本制度所称的重大影响，是指对被投资单位的财务和经营政策有参与决策的权力，但并不决定这些政策。**对于接受股权捐赠形成的表决权、分红权与股权比例不一致的长期股权投资，民间非营利组织应当结合交易实质判断是否对被投资单位具有控制、共同控制或重大影响关系**。

▲修改要点： 对于“长期股权投资”，新制度将原制度中“区别不同情况分别采用成本法或者权益法核算”修改为“采用成本法核算”。

续表

（三）处置长期股权投资时，应当将实际取得价款与投资账面价值的差额确认为当期投资损益。	（三）处置长期股权投资时，应当将实际取得价款与投资账面价值的差额确认为当期投资损益。
第二十八条　长期债权投资应当按照以下原则核算。 （一）长期债权投资在取得时，应当按取得时的实际成本作为初始投资成本。初始投资成本按以下方法确定： 1.以现金购入的长期债权投资，按照实际支付的全部价款，包括税金、手续费等相关费用，作为初始投资成本。实际支付的价款中包含的已到付息期但尚未领取的债券利息，应当作为应收款项单独核算，不构成初始投资成本。 2.接受捐赠取得的长期债权投资，按照本制度第十六条的规定确定其初始投资成本。 3.通过非货币性交易换入的长期债权投资，按照本制度第十八条的规定确定其初始投资成本。 （二）长期债权投资应当按照票面价值与票面利率按期计算确认利息收入。长期债券投资的初始投资成本与债券面值之间的差额，应当在债券存续期间，按照直线法于确认相关债券利息收入时予以摊销。	**第三十条**　长期债权投资应当按照以下原则进行**会计处理**。 （一）长期债权投资在取得时，应当按取得时的实际成本作为初始投资成本。初始投资成本按以下方法确定： 1.以现金购入的长期债权投资，按照实际支付的全部价款，包括税金、手续费等相关费用，作为初始投资成本。实际支付的价款中包含的已到付息期但尚未领取的债券利息，应当作为应收款项单独核算，不构成初始投资成本。 2.接受捐赠取得的长期债权投资，按照本制度**第十八条**的规定确定其初始投资成本。 3.通过非货币性交易换入的长期债权投资，按照本制度**第二十条**的规定确定其初始投资成本。 （二）长期债权投资应当按照票面价值与票面利率按期计算确认利息收入。长期债券投资的初始投资成本与债券面值之间的差额，应当在债券存续期间，按照直线法于确认相关债券利息收入时予以摊销。

续表

（三）持有可转换公司债券的民间非营利组织，可转换公司债券在转换为股份之前，应当按一般债券投资进行处理。当民间非营利组织行使转换权利，将其持有的债券投资转换为股份时，应当按其账面价值减去收到的现金后的余额，作为股权投资的初始投资成本。 （四）处置长期债权投资时，应当将实际取得价款与投资账面价值的差额，确认为当期投资损益。	（三）持有可转换公司债券的民间非营利组织，可转换公司债券在转换为股份之前，应当按一般债券投资进行处理。当民间非营利组织行使转换权利，将其持有的债券投资转换为股份时，应当按其账面价值减去收到的现金后的余额，作为股权投资的初始投资成本。 （四）处置长期债权投资时，应当将实际取得价款与投资账面价值的差额，确认为当期投资损益。
	第三十一条　**其他长期投资新应当按照以下原则进行会计处理。** **（一）其他长期投资在取得时，应当按取得时的实际成本作为初始投资成本。初始投资成本按以下方法确定：** **1.以现金购入的其他长期投资，按照实际支付的全部价款，包括税金、手续费等相关费用，作为初始投资成本。实际支付的价款中包含的已到期但尚未领取的收益，应当作为应收款项单独核算，不构成初始投资成本。** **2.接受捐赠取得的其他长期投资，按照本制度第十八条的规定确定其初始投资成本。** **3.通过非货币性交易换入的其他长期投资，按照本制度第二十条的规定确定其初始投资成本。** **（二）其他长期投资在持有期间实际取得的分红、利息等现金收益，应当确认为投资收益。**

▲修改要点： 新制度增加了“其他长期投资”科目，第三十一条是关于本科目会计处理的相关规定。

续表

	（三）处置其他长期投资时，应当将实际取得价款与投资账面价值的差额，确认为当期投资损益。
第二十九条　民间非营利组织改变投资目的，将短期投资划转为长期投资，应当按短期投资的~~成本~~与市价孰低结转。	第三十二条　民间非营利组织改变投资目的，将短期投资划转为长期投资，应当按短期投资的**账面价值**与市价孰低结转。
第三十条　期末，民间非营利组织应当按照本制度~~第十五条~~的规定对长期投资是否发生了减值进行检查。如果长期投资的可收回金额低于其账面价值，应当按照可收回金额低于账面价值的差额计提长期投资减值准备，确认长期投资减值损失并计入当期费用。如果长期投资的可收回金额高于其账面价值，应当在该长期投资期初已计提减值准备的范围内转回可收回金额高于账面价值的差额，冲减当期费用。	第三十三条　期末，民间非营利组织应当按照本制度**第十七条**的规定对长期投资是否发生了减值进行检查。如果长期投资的可收回金额低于其账面价值，应当按照可收回金额低于账面价值的差额计提长期投资减值准备，确认长期投资减值损失并计入当期费用；如果长期投资的可收回金额高于其账面价值，应当在该长期投资期初已计提减值准备的范围内转回可收回金额高于账面价值的差额，冲减当期费用。
本制度所称可收回金额是指资产的销售净价与预期从该资产的持续使用和使用寿命结束时的处置中形成的预计未来现金流量的现值两者之中的较高者，其中销售净价是指销售价值减资产处置费用后的余额。	本制度所称可收回金额是指资产的销售净价与预期从该资产的持续使用和使用寿命结束时的处置中形成的预计未来现金流量的现值两者之中的较高者，其中销售净价是指销售价值减资产处置费用后的余额。

续表

第三节　固定资产	第三节　固定资产
第三十一条　固定资产，是指同时具有以下特征的有形资产： （一）为行政管理、提供服务、生产商品或者出租目的而持有的； （二）预计使用年限超过1年； （三）单位价值较高。	第三十四条　固定资产，是指同时具有以下特征的有形资产： （一）为行政管理、提供服务、生产商品或者出租目的而持有的； （二）预计使用年限超过1年； （三）单位价值较高。
第三十二条　固定资产在取得时，应当按取得时的实际成本入账。取得时的实际成本包括买价、包装费、运输费、交纳的有关税金等相关费用，以及为使固定资产达到预定可使用状态前所必要的支出。固定资产取得时的实际成本应当根据具体情况分别确定： （一）外购的固定资产，按照实际支付的买价、相关税费以及为使固定资产达到预定可使用状态前所发生的可直接归属于该固定资产的其他支出（如运输费、安装费、装卸费等）确定其成本。 如果以一笔款项购入多项没有单独标价的固定资产，按各项固定资产公允价值的比例对总成本进行分配，分别确定各项固定资产的成本。 （二）自行建造的固定资产，按照建造该项资产达到预定可使用状态前所发生的全部必要支出确定其成本。	第三十五条　固定资产在取得时，应当按取得时的实际成本入账。取得时的实际成本包括买价、包装费、运输费、缴纳的有关税金等相关费用，以及为使固定资产达到预定可使用状态前所必要的支出。固定资产取得时的实际成本应当根据具体情况分别确定： （一）外购的固定资产，按照实际支付的买价、相关税费以及为使固定资产达到预定可使用状态前所发生的可直接归属于该固定资产的其他支出（如运输费、安装费、装卸费等）确定其成本。 如果以一笔款项购入多项没有单独标价的固定资产，按各项固定资产公允价值的比例对总成本进行分配，分别确定各项固定资产的成本。 （二）自行建造的固定资产，按照建造该项资产达到预定可使用状态前所发生的全部必要支出确定其成本。

续表

（三）接受捐赠的固定资产，应当按照本制度第十六条的规定确定其成本。 （四）通过非货币性交易换入的固定资产，按照本制度第十八条的规定确定其成本。 （五）融资租入的固定资产，按照租赁协议或者合同确定的价款、运输款、途中保险费、安装调试费以及融资租入固定资产达到预定可使用状态前发生的借款费用等确定其成本。	（三）接受捐赠的固定资产，应当按照本制度**第十八条**的规定确定其成本。 （四）通过非货币性交易换入的固定资产，按照本制度**第二十条**的规定确定其成本。 （五）融资租入的固定资产，按照租赁协议或者合同确定的价款、**运输费**、途中保险费、安装调试费以及融资租入固定资产达到预定可使用状态前发生的借款费用等确定其成本。
第三十三条　在建工程，包括施工前期准备、正在施工中的建筑工程、安装工程、技术改造工程等。工程项目较多且工程支出较大的，应当按照工程项目的性质分项核算。	第三十六条　在建工程，包括施工前期准备、正在施工中的建筑工程、安装工程、技术改造工程等。工程项目较多且工程支出较大的，应当按照工程项目的性质分项核算。
第三十四条　在建工程应当按照所建造工程达到预定可使用状态前实际发生的全部必要支出确定其工程成本，并单独核算。在建工程的工程成本应当根据以下具体情况分别确定： （一）对于自营工程，按照直接材料、直接人工、直接机械使用费等确定其成本。 （二）对于出包工程，按照应支付的工程价款等确定其成本。	第三十七条　在建工程应当按照所建造工程达到预定可使用状态前实际发生的全部必要支出确定其工程成本，并单独核算。在建工程的工程成本应当根据以下具体情况分别确定： （一）对于自营工程，按照直接材料、直接人工、直接机械使用费等确定其成本。 （二）对于出包工程，按照应支付的工程价款等确定其成本。

续表

第三十五条　为购建固定资产而发生的专门借款的借款费用在规定的允许资本化的期间内，应当按照专门借款的借款费用的实际发生额予以资本化，计入在建工程成本。这里的借款费用包括因借款而发生的利息、辅助费用以及因外币借款而发生的汇兑差额。 只有在以下三个条件同时具备时，因专门借款所发生的借款费用才允许开始资本化： （一）资产支出已经发生； （二）借款费用已经发生； （三）为使资产达到预定可使用状态所必要的购建活动已经开始。	第三十八条　为购建固定资产而发生的专门借款的借款费用在规定的允许资本化的期间内，应当按照专门借款的借款费用的实际发生额予以资本化，计入在建工程成本。这里的借款费用包括因借款而发生的利息、辅助费用以及因外币借款而发生的汇兑差额。 只有在以下三个条件同时具备时，因专门借款所发生的借款费用才允许开始资本化： （一）资产支出已经发生； （二）借款费用已经发生； （三）为使资产达到预定可使用状态所必要的购建活动已经开始。
如果固定资产的购建活动发生非正常中断，并且中断时间连续超过 3 个月（含3个月），应当暂停借款费用的资本化，将中断期间内所发生的借款费用确认为当期费用，直至资产的购建活动重新开始。但是，如果中断是使购建的固定资产达到预定可使用状态所必要的程序，则借款费用的资本化应当继续进行。 当所购建的固定资产达到预定可使用状态时，应当停止借款费用的资本化，之后所发生的借款费用应当于发生时计入当期费用。通常所购建的固定资产达到以下状态时，应当视为所购建的固定资产已经达到预定可使用状态：	如果固定资产的购建活动发生非正常中断，并且中断时间连续超过 3 个月（含 3 个月），应当暂停借款费用的资本化，将中断期间内所发生的借款费用确认为当期费用，直至资产的购建活动重新开始。但是，如果中断是使购建的固定资产达到预定可使用状态所必要的程序，则借款费用的资本化应当继续进行。

续表

（一）固定资产的实体建造（包括安装）工作已经全部完成或者实质上已经完成； （二）所购建的固定资产与设计要求或者合同要求相符或者基本相符，即使有极个别与设计或者合同要求不相符的地方，也不影响其正常使用； （三）继续发生在所购建固定资产上的支出金额很少或者几乎不再发生。	当所购建的固定资产达到预定可使用状态时，应当停止借款费用的资本化，之后所发生的借款费用应当于发生时计入当期费用。 通常所购建的固定资产达到以下状态时，应当视为所购建的固定资产已经达到预定可使用状态： （一）固定资产的实体建造（包括安装）工作已经全部完成或者实质上已经完成； （二）所购建的固定资产与设计要求或者合同要求相符或者基本相符，即使有极个别与设计或者合同要求不相符的地方，也不影响其正常使用； （三）继续发生在所购建固定资产上的支出金额很少或者几乎不再发生。
第三十六条　所购建的固定资产已达到预定可使用状态时，应当自达到预定可使用状态之日起，将在建工程成本转入固定资产核算。	第三十九条　所购建的固定资产已达到预定可使用状态时，应当自达到预定可使用状态之日起，将在建工程成本转入固定资产核算。
第三十七条　民间非营利组织应当对固定资产计提折旧，在固定资产的预计使用寿命内系统地分摊固定资产的成本。 民间非营利组织应当根据固定资产的性质和消耗方式，合理地确定固定资产的预计使用年限和预计净残值。	第四十条　民间非营利组织应当对固定资产计提折旧，在固定资产的预计使用寿命内系统地分摊固定资产的成本。 民间非营利组织应当根据固定资产的性质和消耗方式，合理地确定固定资产的预计使用年限和预计净残值。

续表

民间非营利组织应当按照固定资产所含经济利益或者服务潜力的预期实现方式选择折旧方法，可选用的折旧方法包括年限平均法、工作量法、双倍余额递减法和年数总和法。折旧方法一经确定，不得随意变更。如果由于固定资产所含经济利益或者服务潜力预期实现方式发生重大改变而确实需要变更的，应当在会计报表附注中披露相关信息。	民间非营利组织应当按照固定资产所含经济利益或者服务潜力的预期实现方式选择折旧方法，可选用的折旧方法包括年限平均法、工作量法、双倍余额递减法和年数总和法。折旧方法一经确定，不得随意变更。如果由于固定资产所含经济利益或者服务潜力预期实现方式发生重大改变而确实需要变更的，应当在会计报表附注中披露相关信息。
第三十八条　民间非营利组织应当按月提取折旧，当月增加的固定资产，~~当月不提折旧~~，~~从下月起计提折旧~~；当月减少的固定资产，~~当月照提折旧，从下月起不提折旧~~。	第四十一条　民间非营利组织应当按月提取折旧，当月增加的固定资产，**当月计提折旧**；当月减少的固定资产，**当月不提折旧**。
	第四十二条　**作为固定资产进行会计处理的图书档案、艺术品、标本模型、动植物和以名义金额计量的固定资产等不计提折旧。**
第三十九条　与固定资产有关的后续支出，如果使可能流入民间非营利组织的经济利益或者服务潜力超过了原先的估计，如延长了固定资产的使用寿命，或者使服务质量实质性提高，或者使商品成本实质性降低，则应当计入固定资产账面价值，但其增计后的金额不应当超过该固定资产的可收回金额。其他后续支出，应当计入当期费用。	第四十三条　与固定资产有关的后续支出，如果使可能流入民间非营利组织的经济利益或者服务潜力超过了原先的估计，如延长了固定资产的使用寿命，或者使服务质量实质性提高，或者使商品成本实质性降低，则应当计入固定资产账面价值，但其增计后的金额不应当超过该固定资产的可收回金额。其他后续支出，应当计入当期费用。

▲修改要点：新制度对“当月增加的固定资产”“当月减少的固定资产”的折旧规定进行了修改，“当月新增，当月不提”改为“当月新增，当月计提”；“当月减少，当月照提，下月起不提”改为“当月减少，当月不提”。

▲修改要点：新制度第四十二条为新增内容，对于特殊情形的固定资产，不计提折旧。

续表

第四十条　民间非营利组织由于出售、报废或者毁损等原因而发生的固定资产清理净损益，应当计入当期收入或者费用。	第四十四条　民间非营利组织由于出售、报废或者毁损等原因而发生的固定资产清理净损益，应当计入当期收入或者费用。
第四十一条　~~用于展览、教育或研究等目的的历史文物、艺术品以及其他具有文化或者历史价值并作长期或者永久保存的典藏等，作为固定资产核算，但不必计提折旧。在资产负债表中，应当单列“文物文化资产”项目予以单独反映。~~	
第四十二条　民间非营利组织对固定资产应当定期或者至少每年实地盘点一次。对盘盈、盘亏的固定资产，应当及时查明原因，写出书面报告，并根据管理权限经~~董事会~~、理事会或类似权力机构批准后，在期末结账前处理完毕。盘盈的固定资产应当按照其公允价值入账，并计入当期收入；盘亏的固定资产在减去过失人或者保险公司等赔款和残料价值之后计入当期费用。	第四十五条　民间非营利组织对固定资产应当定期或者至少每年实地盘点一次。对盘盈、盘亏的固定资产，应当及时查明原因，写出书面报告，并根据管理权限经理事会或类似权力机构批准后，在期末结账前处理完毕。盘盈的固定资产应当按照其公允价值入账，并计入当期收入；盘亏的固定资产在减去过失人或者保险公司等赔款和残料价值之后计入当期费用。
第四十三条　民间非营利组织对固定资产的购建、出售、清理、报废和内部转移等都应当办理会计手续，并应当设置固定资产明细账（或者固定资产卡片）进行明细核算。	第四十六条　民间非营利组织对固定资产的购建、出售、清理、报废和内部转移等都应当办理会计手续，并应当设置固定资产明细账（或者固定资产卡片）进行明细核算。

▲ **修改要点：** 新制度将原制度中的“文物文化资产”项目修改为“文物资源”项目。有关“文物资源”的规定，详见新制度第二章第四节“文物资源”部分。

续表

	第四节　文物资源
	第四十七条　**按照《中华人民共和国文物保护法》等有关法律、行政法规规定被认定为文物的有形资产和尚未被认定为文物的古籍等藏品，作为文物资源单独核算。在资产负债表中，应当单列“文物资源”项目予以单独反映。**
	第四十八条　**文物资源一般采用历史成本进行计量，无法取得历史成本的，按照名义金额计量。接受捐赠的文物资源，按照本制度第十八条的规定确定其成本。文物资源本体的修复修缮支出，在发生时计入费用。对于文物资源撤销退出等业务，在履行相关报批程序后，参照固定资产清理进行会计处理。**
	第四十九条　**其他未纳入文物资源范围的图书档案、艺术品、标本模型等，应当按照存货、固定资产进行会计处理。**
	第五十条　**文物资源不计提折旧。**
第四节　无形资产	第五节　无形资产
第四十四条　无形资产是指民间非营利组织为开展业务活动、出租给他人或为管理目的而持有的且没有实物形态的非货币性长期资产，包括专利权、非专利技术、商标权、著作权、土地使用权等。	第五十一条　无形资产是指民间非营利组织为开展业务活动、出租给他人或为管理目的而持有的且没有实物形态的非货币性长期资产，包括专利权、非专利技术、商标权、著作权、土地使用权等。

▲修改要点：本部分为新制度新增内容。

▲ **修改要点：**
新制度第五十二条为新制度新增内容。

续表

	第五十二条本　**民间非营利组织购入的不构成相关硬件不可缺少组成部分的软件，应当确认为无形资产。**
第四十五条　无形资产在取得时，应当按照取得时的实际成本入账。 （一）购入的无形资产，按照实际支付的价款确定其实际成本。 （二）自行开发并按法律程序申请取得的无形资产，按依法取得时发生的注册费、聘请律师费等费用，作为无形资产的实际成本。依法取得前，在研究与开发过程中发生的材料费用、直接参与开发人员的工资及福利费、开发过程中发生的租金、借款费用等直接计入当期费用。 （三）接受捐赠的无形资产，按照本制度~~第十六条~~的规定确定其实际成本。 （四）通过非货币性交易换入的无形资产，按照本制度~~第十八条~~的规定确定其实际成本。	第五十三条　无形资产在取得时，应当按照取得时的实际成本入账。 （一）购入的无形资产，按照实际支付的价款确定其实际成本。**民间非营利组织委托软件公司开发的软件，视同外购无形资产确定其成本。** （二）自行开发并按法律程序申请取得的无形资产，按依法取得时发生的注册费、聘请律师费等费用，作为无形资产的实际成本。依法取得前，在研究与开发过程中发生的材料费用、直接参与开发人员的工资及福利费、开发过程中发生的租金、借款费用等直接计入当期费用。 （三）接受捐赠的无形资产，按照本制度**第十八条**的规定确定其实际成本。 （四）通过非货币性交易换入的无形资产，按照本制度**第二十条**的规定确定其实际成本。
第四十六条　无形资产应当自取得当月起在预计使用年限内分期平均摊销，计入当期费用。如预计使用年限超过了相关合同规定的受益年限或法律规定的有效年限，该无形资产的摊销年限按如下原则确定：	第五十四条　民间非营利组织应**当于取得或形成无形资产时合理确定其使用年限。无形资产的使用年限为有限的，应当估计该使用年限。无法预见无形资产为民间非营利组织产生服务潜力或者带来经济利益流入期限的，应当视为使用年限不确定的无形资产。使用年限不确定的无形资产不应摊销。**

续表

(一)合同规定了受益年限但法律没有规定有效年限的,摊销期不应超过合同规定的受益年限; (二)合同没有规定受益年限但法律规定了有效年限的,摊销期不应超过法律规定的有效年限; (三)合同规定了受益年限,法律也规定了有效年限的,摊销期不应超过受益年限和有效年限两者之中较短者。 如果合同没有规定受益年限,法律也没有规定有效年限的,摊销期不应超过10年。	**民间非营利组织应当对使用年限有限的无形资产进行摊销,但已摊销完毕仍继续使用的无形资产和以名义金额计量的无形资产除外**。无形资产应当自取得当月起在预计使用年限内分期平均摊销,计入当期费用。 如预计使用年限超过了相关合同规定的受益年限或法律规定的有效年限,该无形资产的摊销年限按如下原则确定: (一)合同规定了受益年限但法律没有规定有效年限的,摊销期不应超过合同规定的受益年限; (二)合同没有规定受益年限但法律规定了有效年限的,摊销期不应超过法律规定的有效年限; (三)合同规定了受益年限,法律也规定了有效年限的,摊销期不应超过受益年限和有效年限两者之中较短者。 如果合同没有规定受益年限,法律也没有规定有效年限的,摊销期不应超过10年。
第四十七条　民间非营利组织处置无形资产,应当将实际取得的价款与该项无形资产的账面价值之间的差额,计入当期收入或者费用。	第五十五条　民间非营利组织处置无形资产,应当将实际取得的价款与该项无形资产的账面价值之间的差额,计入当期收入或者费用。
	第六节　长期待摊费用
	第五十六条　**长期待摊费用是民间非营利组织已经支出,但应由本期和以后各期负担的分摊期限在1年以上(不含1年)的各项支出,如对以经营租赁方式租入的固定资产发生的改良支出等。**

▲ **修改要点:**“长期待摊费用”项目为新制度新增加内容。

续表

	第五十七条　**长期待摊费用应当在对应资产的受益年限内平均摊销。如果某项长期待摊费用已经不能使民间非营利组织受益，应当将其摊余金额一次性计入当期费用。**
第五节　受托代理资产	第七节　受托代理资产
第四十八条　受托代理资产是指民间非营利组织接受委托方委托从事受托代理业务而收到的资产。在受托代理过程中，民间非营利组织通常只是从委托方收到受托资产，并按照委托人的意愿将资产转赠给指定的其他组织或者个人。民间非营利组织本身只是在委托代理过程中起中介作用，无权改变受托代理资产的用途或者变更受益人。 民间非营利组织应当对受托代理资产比照接受捐赠资产的原则进行确认和计量，但在确认一项受托代理资产时，应当同时确认一项受托代理负债。	第五十八条　受托代理资产是指民间非营利组织接受委托方委托从事受托代理业务而收到的资产。在受托代理过程中，民间非营利组织通常只是从委托方收到受托资产，并按照委托人的意愿将资产转赠给指定的其他组织或者个人。民间非营利组织本身只是在委托代理过程中起中介作用，无权改变受托代理资产的用途或者变更受益人。 民间非营利组织应当对受托代理资产比照接受捐赠资产的原则进行确认和计量，但在确认一项受托代理资产时，应当同时确认一项受托代理负债。**从事受托代理业务时发生的应归属于其自身的费用应当计入其他费用。** **本制度所称的受托代理业务，是指有明确的转赠或者转交协议，或者虽然无协议但同时满足以下条件的业务：** **（一）民间非营利组织在取得资产的同时即产生了向具体受益人转赠或转交资产的现时义务，不会导致自身净资产的增加。**

续表

	（二）民间非营利组织仅起到中介而非主导发起作用，帮助委托人将资产转赠或转交给指定的受益人，并且没有权利改变受益人，也没有权利改变资产的用途。 **（三）委托人已明确指出了具体受益人个人的姓名或受益单位的名称，包括从民间非营利组织提供的名单中指定一个或若干个受益人。**
第三章　负债	第三章　负债
第四十九条　负债是指过去的交易或者事项形成的现时义务，履行该义务预期会导致含有经济利益或者服务潜力的资源流出民间非营利组织。负债~~应当按其流动性~~分为流动负债、长期负债和受托代理负债等。	第五十九条　负债是指过去的交易或者事项形成的现时义务，履行该义务预期会导致含有经济利益或者服务潜力的资源流出民间非营利组织。负债分为流动负债、长期负债和受托代理负债等。
	第六十条　**对于符合本制度第五十九条规定的现时义务，在同时满足以下条件时，应当确认为负债：** **（一）履行该义务很可能导致含有服务潜力或者经济利益的经济资源流出民间非营利组织；** **（二）该义务的金额能够可靠计量。** **符合负债定义并确认的负债项目，应当列入资产负债表。**

▲修改要点：本部分为新制度新增内容，明确了“受托代理业务”应满足的条件。

▲修改要点：新制度增加了“负债”的确认条件。

续表

第五十条　或有事项是指过去的交易或者事项形成的一种状况，其结果须通过未来不确定事项的发生或不发生予以证实。 如果与或有事项相关的义务同时符合以下条件，应当将其确认为负债，以清偿该负债所需支出的最佳估计数予以计量，并在资产负债表中单列项目予以反映： （一）该义务是民间非营利组织承担的现时义务； （二）该义务的履行很可能导致含有经济利益或者服务潜力的资源流出民间非营利组织； （三）该义务的金额能够可靠地计量。	第六十一条　或有事项是指过去的交易或者事项形成的一种状况，其结果须通过未来不确定事项的发生或不发生予以证实，**未来事项是否发生不在民间非营利组织控制范围内**。 如果与或有事项相关的义务同时符合以下条件，应当将其确认为负债，以清偿该负债所需支出的最佳估计数予以计量，并在资产负债表中单列项目予以反映： （一）该义务是民间非营利组织承担的现时义务； （二）该义务的履行很可能导致含有经济利益或者服务潜力的资源流出民间非营利组织； （三）该义务的金额能够可靠地计量。
第五十一条　流动负债是指将在1年内（含1年）偿还的负债，包括短期借款、应付款项、~~应付工资、应交税金~~、预收账款、预提费用和~~预计负债~~等。 （一）短期借款是指民间非营利组织向银行或其他金融机构等借入的期限在1年以下（含1年）的各种借款。 （二）应付款项是指民间非营利组织在日常业务活动过程中发生的各项应付票据、应付账款和其他应付款等应付未付款项。 （三）~~应付工资是指民间非营利组织应付未付的员工工资。~~	第六十二条　流动负债是指将在1年以内（含1年）偿还的负债，包括短期借款、应付款项、**应付职工薪酬**、**应交税费**、预收账款、预提费用等。 （一）短期借款是指民间非营利组织向银行或其他金融机构等借入的期限在1年以内（含1年）的各种借款。 （二）应付款项是指民间非营利组织在日常业务活动过程中发生的各项应付票据、应付账款和其他应付款等应付未付款项。 （三）**应付职工薪酬是指民间非营利组织按照有关规定应付给本组织职工及为职工支付的各种薪酬，包括职工工资、职工福利费、津贴补贴、奖金、社会保险费和住房公积金等。**

▲**修改要点：**新制度将“应付工资”修改为“应付职工薪酬”，并增加了核算内容；同时，将“应交税金”修改为“应交税费”。

续表

（四）应交税金是指民间非营利组织应交未交的各种税费。 （五）预收账款是指民间非营利组织向服务和商品购买单位预收的各种款项。 （六）预提费用是指民间非营利组织预先提取的已经发生但尚未支付的费用，如预提的租金、保险费、借款利息等。 ~~（七）预计负债是指民间非营利组织对因或有事项所产生的现时义务而确认的负债。~~	（四）**应交税费**是指民间非营利组织应交未交的各种税费。 （五）预收账款是指民间非营利组织向服务和商品购买单位预收的各种款项。 （六）预提费用是指民间非营利组织预先提取的已经发生但尚未支付的费用，如预提的租金、保险费、借款利息等。
第五十二条　各项流动负债应当按实际发生额入账。 短期借款应当按照借款本金和确定的利率按期计提利息，计入当期费用。	第六十三条　各项流动负债应当按实际发生额入账。 短期借款应当按照借款本金和确定的利率按期计提利息，计入当期费用。
第五十三条　长期负债是指偿还期限在1年以上（不含1年）的负债，包括长期借款、长期应付款和其他长期负债。 （一）长期借款是指民间非营利组织向银行或其他金融机构等借入的期限在1年以上（不含1年）的各种借款。 （二）长期应付款主要是指民间非营利组织融资租入固定资产发生的应付租赁款。 （三）其他长期负债是指除长期借款和长期应付款外的长期负债。	第六十四条　长期负债是指偿还期限在1年以上（不含1年）的负债，包括长期借款、长期应付款、**预计负债**和其他长期负债。 （一）长期借款是指民间非营利组织向银行或其他金融机构等借入的期限在1年以上（不含1年）的各种借款。 （二）长期应付款主要是指民间非营利组织融资租入固定资产发生的应付租赁款。 （三）**预计负债是指民间非营利组织对因或有事项所产生的现时义务而确认的负债**。 （四）其他长期负债是指除长期借款、长期应付款**和预计负债**外的长期负债。

▲修改要点： 对于“预计负债”，原制度列示在“流动负债”项下；新制度将其调整至“长期负债”项下。

▲修改要点： 新制度将“预计负债”调整至“长期负债”项下。

续表

第五十四条　各项长期负债应当按实际发生额入账。	第六十五条　各项长期负债应当按实际发生额入账。
第五十五条　受托代理负债是指民间非营利组织因从事~~受托代理交易~~、接受受托代理资产而产生的负债。受托代理负债应当按照相对应的受托代理资产的金额予以确认和计量。	第六十六条　受托代理负债是指民间非营利组织因从事**受托代理业务**、接受受托代理资产而产生的负债。受托代理负债应当按照相对应的受托代理资产的金额予以确认和计量。
第四章　净资产	第四章　净资产
第五十六条　民间非营利组织的净资产是指资产减去负债后的余额。净资产应当按照其是否受到限制，分为限定性净资产和非限定性净资产等。 如果资产或者资产所产生的经济利益（如资产的投资收益和利息等）的使用受到资产提供者或者国家有关法律、行政法规所设置的时间限制或（和）用途限制，则由此形成的净资产即为限定性净资产，国家有关法律、行政法规对净资产的使用直接设置限制的，该受限制的净资产亦为限定性净资产；除此之外的其他净资产，即为非限定性净资产。 本制度所称的时间限制，是指资产提供者或者国家有关法律、行政法规要求民间非营利组织在收到资产后的特定时期之内或特定日期之后使用该项资产，或者对资产的使用设置了永久限制。	第六十七条　民间非营利组织的净资产是指资产减去负债后的余额。净资产应当按照其是否受到限制，分为限定性净资产和非限定性净资产。 如果资产或者资产所产生的经济利益（如资产的投资收益和利息等）的使用受到资产提供者或者国家有关法律、行政法规**等**所设置的时间限制或（和）用途限制，则由此形成的净资产即为限定性净资产，国家有关法律、行政法规**等**对净资产的使用直接设置限制的，该受限制的净资产亦为限定性净资产；除此之外的其他净资产，即为非限定性净资产。 **本制度所称的限制，是指资产提供者或者国家有关法律、行政法规等所设置的，比民间非营利组织的宗旨、目的或章程等关于资产使用的要求更具体明确的限制。**

▲**修改要点：**新制度增加了“限制”的定义。

续表

本制度所称的用途限制，是指资产提供者或者国家有关法律、行政法规要求民间非营利组织将收到的资产用于某一特定的用途。 民间非营利组织的董事会、理事会或类似权力机构对净资产的使用所作的限定性决策、决议或拨款限额等，属于民间非营利组织内部管理上对资产使用所作的限制，不属于本制度所界定的限定性净资产。	本制度所称的时间限制，是指资产提供者或者国家有关法律、行政法规**等**要求民间非营利组织在收到资产后的特定时期之内或特定日期之后使用该项资产，或者对资产的使用设置了永久限制。 本制度所称的用途限制，是指资产提供者或者国家有关法律、行政法规**等**要求民间非营利组织将收到的资产用于某一特定的用途。 民间非营利组织的理事会或类似权力机构对净资产的使用所作的限定性决策、决议或拨款限额等，属于民间非营利组织内部管理上对资产使用所作的限制，不属于本制度所界定的限定性净资产。
	第六十八条　**如果资产或者资产所产生的经济利益的使用受到限制，使用时按照实际用于时间限制或用途限制的相关资产金额计入相关限定性费用，期末转入限定性净资产。**
第五十七条　如果限定性净资产的限制已经解除，应当对净资产进行重新分类，将限定性净资产转为非限定性净资产。 当存在下列情况之一时，可以认为限定性净资产的限制已经解除：	第六十九条　如果限定性净资产的限制已经**完全**解除，应当对净资产进行重新分类，将限定性净资产转为非限定性净资产。 当同时符合下列情况时，可以认为限制已经**完全**解除：

▲修改要点：本部分为新制度新增内容。

▲修改要点：关于“限定性净资产的限制解除”，新制度明确“完全解除”，并调整了“时间限制”“用途限制”解除的表述，同时，将“资产提供者或者国家有关法律、行政法规撤销限制”单列为第七十条。

续表

（一）~~所限定净资产的限制时间已经到期；~~ （二）~~所限定净资产规定的用途已经实现（或者目的已经达到）；~~ （三）~~资产提供者或者国家有关法律、行政法规撤销了所设置的限制。~~	（一）**设置的限制时间已经到期或时间限制已经解除；** （二）**设置的用途限制已经解除。**
~~如果限定性净资产受到两项或两项以上的限制，应当在最后一项限制解除时，才能认为该项限定性净资产的限制已经解除。~~	第七十条　对于资产提供者或者国家有关法律、行政法规等撤销对限定性净资产所设置限制的，应当在撤销时全额转为非限定性净资产。
	第七十一条　**民间非营利组织取得的注册资金，其使用受到时间限制或（和）用途限制的，在取得时直接计入限定性净资产；其使用没有受到时间限制或（和）用途限制的，在取得时直接计入非限定性净资产。** **民间非营利组织用净资产转增注册资金，不引起资产和净资产的变动，无需进行会计处理。**
第五章　收入	第五章　收入
第五十八条　收入是指民间非营利组织开展业务活动取得的、导致本期净资产增加的经济利益或者服务潜力的流入。收入应当按其来源分为捐赠收入、会费收入、提供服务收入、政府补助收入、投资收益、商品销售收入等主要业务活动收入和其他收入等。	第七十二条　收入是指民间非营利组织开展业务活动取得的、导致本期净资产增加的经济利益或者服务潜力的流入。收入应当按其来源分为捐赠收入、会费收入、提供服务收入、政府补助收入、商品销售收入、投资收益、**总部拨款收入**等主要业务活动收入和其他收入等。 **民间非营利组织可以区分不同收入类型，按照项目、服务或业务大类进行核算和列报。**

▲**修改要点：**为新制度新增内容。

续表

（一）捐赠收入是指民间非营利组织接受其他单位或者个人捐赠所取得的收入。 （二）会费收入是指民间非营利组织根据章程等的规定向会员收取的会费。 （三）提供服务收入是指民间非营利组织根据章程等的规定向其服务对象提供服务取得的收入，包括学费收入、医疗费收入、培训收入等。 （四）政府补助收入是指民间非营利组织接受政府拨款或者政府机构给予的补助而取得的收入。 （五）商品销售收入是指民间非营利组织销售商品~~（如出版物、药品等）~~等所形成的收入。 （六）投资收益是指民间非营利组织因对外投资取得的投资净损益。 民间非营利组织如果有除上述捐赠收入、会费收入、提供服务收入、政府补助收入、商品销售收入、投资收益之外的其他主要业务活动收入，也应当单独核算。	（一）捐赠收入是指民间非营利组织接受其他单位或者个人捐赠所取得的收入。 （二）会费收入是指民间非营利组织根据章程等的规定向会员收取的会费。 （三）提供服务收入是指民间非营利组织根据章程等的规定向其服务对象提供服务取得的收入，包括学费收入、医疗费收入、培训收入、**承接政府购买服务收入**等。 （四）政府补助收入是指民间非营利组织接受政府拨款或者政府机构给予的补助而取得的收入。**该补助是无偿的，不需要向政府交付商品或服务等对价**。 （五）商品销售收入是指民间非营利组织销售商品等所形成的收入。 （六）投资收益是指民间非营利组织因对外投资取得的投资净损益。

续表

（七）其他收入，是指除上述主要业务活动收入以外的其他收入，如固定资产处置净收入、无形资产处置净收入等。 ~~对于民间非营利组织接受的劳务捐赠，不予确认，但应当在会计报表附注中作相关披露。~~	（七）**总部拨款收入是指境外非政府组织代表机构从其总部取得的拨款收入**。 民间非营利组织如果有除上述捐赠收入、会费收入、提供服务收入、政府补助收入、商品销售收入、投资收益、**总部拨款收入**之外的其他主要业务活动收入，也应当单独核算。 （八）其他收入，是指除上述主要业务活动收入以外的其他收入，如**存款利息**、固定资产处置净收入、无形资产处置净收入等。
第五十九条　民间非营利组织在确认收入时，应当区分交换交易所形成的收入和非交换交易所形成的收入。 （一）交换交易是指按照等价交换原则所从事的交易，即当某一主体取得资产、获得服务或者解除债务时，需要向交易对方支付等值或者大致等值的现金，或者提供等值或者大致等值的货物、服务等的交易。如按照等价交换原则销售商品、提供~~劳务~~等均属于交换交易。 对于~~因~~交换交易所形成的商品销售收入，应当在下列条件下同时满足时予以确认： 1.已将商品所有权上的主要风险和报酬转移给购货方； 2.既没有保留通常与所有权相联系的继续管理权，也没有对已售出的商品实施控制；	第七十三条　民间非营利组织在确认收入时，应当区分交换交易所形成的收入和非交换交易所形成的收入。 （一）交换交易是指按照等价交换原则所从事的交易，即当某一主体取得资产、获得服务或者解除债务时，需要向交易对方支付等值或者大致等值的现金，或者提供等值或者大致等值的货物、服务等的交易。如按照等价交换原则销售商品、提供**服务**等均属于交换交易。 对于交换交易所形成的商品销售收入，应当在下列条件下同时满足时予以确认： 1.已将商品所有权上的主要风险和报酬转移给购货方； 2.既没有保留通常与所有权相联系的继续管理权，也没有对已售出的商品实施控制；

续表

3.与交易相关的经济利益能够流入民间非营利组织； 4.相关的收入和成本能够可靠地计量。 对于因交换交易所形成的提供劳务收入，应当按以下规定予以确认： 1.在同一会计年度内开始并完成的劳务，应当在完成劳务时确认收入； 2.如果劳务的开始和完成分属不同的会计年度，可以按完工进度或完成的工作量确认收入。 对于因交换交易所形成的因让渡资产使用权而发生的收入应当在下列条件同时满足时予以确认： 1.与交易相关的经济利益能够流入民间非营利组织； 2.收入的金额能够可靠地计量。 （二）非交换交易是指除交换交易之外的交易。在非交换交易中，某一主体取得资产、获得服务或者解除债务时，不必向交易对方支付等值或者大致等值的现金，或者提供等值或者大致等值的货物、服务等；或者某一主体在对外提供货物、服务等时，没有收到等值或者大致等值的现金、货物等。如捐赠、政府补助等均属于非交换交易。	3.与交易相关的经济利益能够流入民间非营利组织； 4.相关的收入和成本能够可靠地计量。 对于交换交易所形成的**提供服务收入**，应当按以下规定予以确认： 1.在同一会计年度内开始并完成的服务，应当在完成**服务**时确认收入； 2.如果**服务**的开始和完成分属不同的会计年度，可以按完工进度或完成的工作量确认收入。 对于交换交易所形成的因让渡资产使用权而发生的收入应当在下列条件同时满足时予以确认： 1.与交易相关的经济利益能够流入民间非营利组织； 2.收入的金额能够可靠地计量。 （二）非交换交易是指除交换交易之外的交易。在非交换交易中，某一主体取得资产、获得服务或者解除债务时，不必向交易对方支付等值或者大致等值的现金，或者提供等值或者大致等值的货物、服务等；或者某一主体在对外提供货物、服务等时，没有收到等值或者大致等值的现金、货物等。如捐赠、政府补助等均属于非交换交易。

续表

对于~~因~~非交换交易所形成的收入，应当在同时满足下列条件时予以确认： 1.与交易相关的含有经济利益或者服务潜力的资源能够流入民间非营利组织并为其所控制，或者相关的债务能够得到解除； 2.交易能够引起净资产的增加； 3.收入的金额能够可靠地计量。 一般情况下，对于无条件的捐赠或政府补助，应当在捐赠或政府补助收到时确认收入；对于附条件的捐赠或政府补助，应当在取得捐赠资产或政府补助资产控制权时确认收入，~~但当民间非营利组织存在需要偿还全部或部分捐赠资产（或者政府补助资产）或者相应金额的现时义务时，应当根据需要偿还的金额同时确认一项负债和费用。~~	对于非交换交易所形成的收入，应当在同时满足下列条件时予以确认： 1.与交易相关的含有经济利益或者服务潜力的资源能够流入民间非营利组织并为其所控制，或者相关的债务能够得到解除； 2.交易能够引起净资产的增加； 3.收入的金额能够可靠地计量。 一般情况下，对于无条件的捐赠或政府补助，应当在捐赠或政府补助收到时确认收入；对于附条件的捐赠或政府补助，应当在取得捐赠资产或政府补助资产的控制权时确认收入。**如果由于捐赠方或法律法规限制等民间非营利组织之外的原因存在需要偿还全部或部分捐赠资产或政府补助资产或者相应金额的现时义务时，应当根据需要偿还的金额，确认一项负债并相应冲减收入；如果由于民间非营利组织自身原因存在需要偿还全部或部分捐赠资产或者相应金额的现时义务时，应当根据需要偿还的金额，确认一项负债并计入当期费用**。
第六十条　民间非营利组织对于各项收入应当按是否存在限定区分为非限定性收入和限定性收入进行核算。 如果资产提供者对资产的使用设置了时间限制或者（和）用途限制，则所确认的相关收入为限定性收入；除此之外的其他收入，为非限定性收入。	第七十四条　民间非营利组织对于各项收入应当按是否存在限定区分为非限定性收入和限定性收入进行核算。 如果资产提供者对资产的使用设置了时间限制或（和）用途限制，则所确认的相关收入为限定性收入；除此之外的其他收入，为非限定性收入。

续表

民间非营利组织的会费收入、提供服务收入、商品销售收入和投资收益等一般为非限定性收入，除非相关资产提供者对资产的使用设置了限制。民间非营利组织的捐赠收入和政府补助收入，应当视相关资产提供者对资产的使用是否设置了限制，~~分别限定性收入和非限定性收入进行核算~~。	民间非营利组织的会费收入、提供服务收入、商品销售收入、投资收益、**总部拨款收入**等一般为非限定性收入，除非相关资产提供者对资产的使用设置了限制。民间非营利组织的捐赠收入和政府补助收入，应当视相关资产提供者对资产的使用是否设置了限制，**分别记入限定性收入和非限定性收入进行核算**。
第六十一条　期末，民间非营利组织应当将本期限定性收入和非限定性收入分别结转至净资产项下的限定性净资产和非限定性净资产。	第七十五条　期末，民间非营利组织应当将本期限定性收入和非限定性收入分别结转至净资产项下的限定性净资产和非限定性净资产。
第六章　费用	第六章　费用
第六十二条　费用是指民间非营利组织为开展业务活动所发生的、导致本期净资产减少的经济利益或者服务潜力的流出。费用应当按照其功能分为业务活动成本、管理费用、筹资费用和其他费用等。 （一）业务活动成本，是指民间非营利组织为了实现其业务活动目标、开展其项目活动或者提供服务所发生的费用。如果民间非营利组织从事的项目、提供的服务或者开展的业务比较单一，可以将相关费用全部归集在“业务活动成本”项目下进行核算和列报；如果民间非营利组	第七十六条　费用是指民间非营利组织为开展业务活动所发生的、导致本期净资产减少的经济利益或者服务潜力的流出。费用应当按照其功能分为业务活动成本、**税金及附加**、管理费用、筹资费用、**资产减值损失、所得税费用**和其他费用等。 （一）业务活动成本，是指民间非营利组织为了实现其业务活动目标、开展其项目活动或者提供服务所发生的费用。如果民间非营利组织从事的项目、提供的服务或者开展的业务比较单一，可以将相关费用全部归集在“业务活动成本”项目下进行核算和列报；如果民间非营利组织从事的项目、提供的服务或者开展的业

▲ **修改要点：**此处为新增内容，新制度要求将各项费用按是否存在限定区分为非限定性费用和限定性费用进行核算。

续表

织从事的项目、提供的服务或者开展的业务种类较多，民间非营利组织应当在“业务活动成本”项目下分别项目、服务或者业务大类进行核算和列报。	务种类较多，民间非营利组织应当在“业务活动成本”项目下分别项目、服务或者业务大类进行核算和列报。
	（二）**税金及附加，是指民间非营利组织业务活动发生的消费税、城市维护建设税、教育费附加、房产税、城镇土地使用税、车船税、印花税等相关税费**。
（二）管理费用，是指民间非营利组织为组织和管理其业务活动所发生的各项费用，包括民间非营利组织~~董事会（或者理事会或者类似权力机构）~~经费和行政管理人员的工资、奖金、福利费、住房公积金、住房补贴、社会保障费、离退休人员工资及补助，以及办公费、水电费、邮电费、物业管理费、差旅费、折旧费、修理费、租赁费、无形资产摊销费、资产盘亏损失、~~资产减值损失~~、因预计负债所产生的损失、聘请中介机构费和~~应偿还的受赠资产~~等。其中，福利费应当依法根据民间非营利组织的管理权限，按照~~董事会、~~理事会或类似权力机构等的规定据实列支。	（三）管理费用，是指民间非营利组织为组织和管理其业务活动所发生的各项费用，包括民间非营利组织**理事会或者类似权力机构**经费和行政管理人员的工资、奖金、福利费、住房公积金、住房补贴、社会保障费、**残保金**、离退休人员工资及补助，以及办公费、水电费、邮电费、物业管理费、差旅费、折旧费、修理费、租赁费、无形资产摊销费、资产盘亏损失、因预计负债所产生的损失、聘请中介机构费和**因民间非营利组织自身原因应偿还的受赠资产或政府补助资产**等。其中，福利费应当依法根据民间非营利组织的管理权限，按照理事会或类似权力机构等的规定据实列支。
（三）筹资费用，是指民间非营利组织为筹集业务活动所需资金而发生的费用，它包括民间非营利组织为了获得捐赠资产而发生的费用以及应当计入当期费用的借款费用、汇兑损失（减汇兑收益）等。民间非营利组织为了获	

▲修改要点：明确了“税金及附加”的定义。

▲修改要点：对于“管理费用”核算内容，新制度增加了“残保金”“因民间非营利组织自身原因应偿还的受赠资产或政府补助资产”。

续表

得捐赠资产而发生的费用包括举办募款活动费、准备、印刷和发放募款宣传资料费以及其他与募款或者争取捐赠资产有关的费用。 （四）其他费用，是指民间非营利组织发生的、无法归属到~~上述业务活动成本、管理费用或者筹资费用中的费用~~，包括固定资产处置净损失、无形资产处置净损失等。 民间非营利组织的某些费用如果属于多项业务活动或者属于业务活动、管理活动和筹资活动等共同发生的，而且不能直接归属于某一类活动，应当将这些费用按照合理的方法在各项活动中进行分配。	（四）筹资费用，是指民间非营利组织为筹集业务活动所需资金而发生的费用，它包括民间非营利组织为了获得捐赠资产而发生的费用以及应当计入当期费用的借款费用、汇兑损失（减汇兑收益）等。民间非营利组织为了获得捐赠资产而发生的费用包括举办募款活动费、准备、印刷和发放募款宣传资料费以及其他与募款或者争取捐赠资产有关的费用。 **（五）资产减值损失，是指民间非营利组织计提各项资产减值准备所形成的损失**。 **（六）所得税费用，是指有企业所得税缴纳义务的民间非营利组织按规定缴纳企业所得税所形成的费用**。 （七）其他费用，是指民间非营利组织发生的、无法归属到**上述费用中的费用**，包括固定资产处置净损失、无形资产处置净损失等。 民间非营利组织的某些费用如果属于多项业务活动或者属于业务活动、管理活动和筹资活动等共同发生的，而且不能直接归属于某一类活动，应当将这些费用按照合理的方法在各项活动中进行分配。
第六十三条　民间非营利组织发生的业务活动成本、管理费用、筹资费用和其他费用，应当在发生时按其发生额计入当期费用。	第七十七条　民间非营利组织发生的业务活动成本、**税金及附加**、管理费用、筹资费用、**资产减值损失、所得税费用**和其他费用，应当在发生时按其发生额计入当期费用。

▲修改要点：明确了“资产减值损失”“所得税费用”的定义。

▲ **修改要点：** 此处为新增内容，新制度要求将各项费用按是否存在限定区分为非限定性费用和限定性费用进行核算。

▲ **修改要点：** 原制度下，在期末，本期发生的各项费用结转至净资产项下的非限定性净资产；新制度对其进行了修改。应重点关注。

续表

	第七十八条　**民间非营利组织对于各项费用应当按是否存在限定区分为非限定性费用和限定性费用进行核算。** **如果资产提供者对资产的使用设置了时间限制或（和）用途限制，则所确认的相关费用为限定性费用；除此之外，为非限定性费用。**
第六十四条　期末，民间非营利组织应当~~将本期发生的各项费用结转至净资产项下的非限定性净资产，作为非限定性净资产的减项。~~	第七十九条　期末，民间非营利组织应当**将本期限定性费用结转至净资产项下的限定性净资产，非限定性费用结转至净资产项下的非限定性净资产，作为净资产的减项。**
第七章　财务会计报告	第七章　财务会计报告
第六十五条　财务会计报告是反映民间非营利组织财务状况、业务活动情况和现金流量等的书面文件。	第八十条　财务会计报告是反映民间非营利组织**某一特定日期的**财务状况和**某一会计期间的**业务活动情况和现金流量等**会计信息**的书面文件。
第六十六条　财务会计报告分为年度财务会计报告和中期财务会计报告。以短于一个完整的会计年度的期间（如半年度、季度和月度）编制的财务会计报告称为中期财务会计报告。年度财务会计报告则是以整个会计年度为基础编制的财务会计报告。	第八十一条　财务会计报告分为年度财务会计报告和中期财务会计报告。以短于一个完整的会计年度的期间（如半年度、季度和月度）编制的财务会计报告称为中期财务会计报告。年度财务会计报告则是以整个会计年度为基础编制的财务会计报告。

续表

第六十七条　财务会计报告由会计报表、会计报表附注和~~财务情况说明书~~组成。民间非营利组织对外提供的财务会计报告的内容、会计报表的种类和格式、会计报表附注应予披露的主要内容等，由本制度规定；民间非营利组织内部管理需要的会计报表由单位自行规定。	第八十二条　财务会计报告由会计报表、会计报表附注和**其他应当在财务会计报告中披露的相关信息和资料**组成。民间非营利组织对外提供的财务会计报告的内容、会计报表的种类和格式、会计报表附注应予披露的主要内容等，由本制度规定；民间非营利组织内部管理需要的会计报表由单位自行规定。
民间非营利组织在编制中期财务会计报告时，应当采用与年度~~会计报表~~相一致的确认与计量原则。中期财务会计报告的内容相对于年度财务会计报告而言可以适当简化，但仍应保证包括与理解中期期末财务状况和中期业务活动情况及其现金流量相关的重要财务信息。	民间非营利组织在编制中期财务会计报告时，应当采用与年度**财务会计报告**相一致的确认与计量原则。中期财务会计报告的内容相对于年度财务会计报告而言可以适当简化，但仍应包括与理解中期期末财务状况和中期业务活动情况及其现金流量相关的重要财务信息。
第六十八条　民间非营利组织采用的会计政策前后各期应当保持一致，不得随意变更，除非符合下列条件之一： （一）法律或会计制度等行政法规、规章~~的要求~~； （二）这种变更能够提供有关民间非营利组织财务状况、业务活动情况和现金流量等更可靠、更相关的会计信息。	第八十三条　民间非营利组织采用的会计政策前后各期应当保持一致，不得随意变更，除非符合下列条件之一： （一）法律或会计制度等行政法规、规章**有明确要求**； （二）这种变更提供的会计信息能够更可靠、更相关地反映民间非营利组织的财务状况、业务活动情况和现金流量等。

续表

民间非营利组织应当采用追溯调整法核算会计政策的变更，如果追溯调整法不可行，则应当采用未来适用法核算；如果相关法律或会计制度等另有规定，则应当按照相关规定进行核算。 本制度中所称追溯调整法，是指对某项交易或者事项变更会计政策时，如同该交易或者事项初次发生时就开始采用新的会计政策，并以此对相关项目进行调整的方法。 本制度所称未来适用法，是指对某项交易或者事项变更会计政策时，新的会计政策适用于变更当期及未来期间发生的交易或者事项的方法。	民间非营利组织应当采用追溯调整法核算会计政策的变更，如果追溯调整法不可行，则应当采用未来适用法核算；如果相关法律或会计制度等另有规定，则应当按照相关规定进行核算。 **会计政策，是指民间非营利组织在会计确认、计量和报告中所采用的原则、基础和会计处理方法**。追溯调整法，是指对某项交易或者事项变更会计政策时，如同该交易或者事项初次发生时就开始采用新的会计政策，并以此对相关项目进行调整的方法。
第六十九条　资产负债表日至财务会计报告批准报出日之间发生的需要调整或说明的有利或不利事项，属于资产负债表日后事项。对于资产负债表日后事项，应当区分调整事项和非调整事项进行处理。 调整事项，是指资产负债表日后至财务会计报告批准报出日之间发生的，为资产负债表日已经存在的情况提供了新的或进一步证据，有助于对资产负债表日存在情况有关的金额作出重新估计的事项。民间非营利组织应当就调整事项，对资产负债表日所确认的相关资产、负债和净资产，以及资产负债表日所属期间的相关收入、费用等进行调整。	第八十四条　资产负债表日至财务会计报告批准报出日之间发生的需要调整或说明的有利或不利事项，属于资产负债表日后事项。对于资产负债表日后事项，应当区分调整事项和非调整事项进行处理。 调整事项，是指资产负债表日后至财务会计报告批准报出日之间发生的，为资产负债表日已经存在的情况提供了新的或进一步证据，有助于对资产负债表日存在情况有关的金额作出重新估计的事项。民间非营利组织应当就调整事项，对资产负债表日所确认的相关资产、负债和净资产，以及资产负债表日所属期间的相关收入、费用等进行调整。

续表

非调整事项，是指资产负债表日后至财务会计报告批准报出日之间才发生的，不影响资产负债表日的存在情况，但不加以说明将会影响财务会计报告使用者作出正确估计和决策的事项。民间非营利组织应当在会计报表附注中披露非调整事项的性质、内容，以及对财务状况和业务活动情况的影响。如无法估计其影响，应当说明理由。	非调整事项，是指资产负债表日后至财务会计报告批准报出日之间才发生的，不影响资产负债表日的存在情况，但不加以说明将会影响财务会计报告使用者作出正确估计和决策的事项。民间非营利组织应当在会计报表附注中披露非调整事项的性质、内容，以及对财务状况和业务活动情况的影响。如无法估计其影响，应当说明理由。
	第八十五条　**民间非营利组织对会计估计变更应当采用未来适用法进行会计处理。** **会计估计变更，是指由于资产和负债的当前状况及预期经济利益和义务发生了变化，从而对资产或负债的账面价值或者资产的定期消耗金额进行调整。未来适用法，是指将变更后的会计政策和会计估计应用于变更日及以后发生的交易或者事项，或者在会计差错发生或发现的当期更正差错的方法。**
	第八十六条　**民间非营利组织本报告期发现的与前期相关的重大会计差错，如影响收入、费用的，应当按照其对收入、费用的影响数或者累积影响数调整发现当期期初的相关净资产项目，并调整其他相关项目的期初数；如不影响收入、费用的，应当调整发现当期相关项目的期初数。经上述调整后，视同该差错在差错发生的期间已经得到更正。**

续表

	重大会计差错，是指民间非营利组织发现的使本期编制的报表不再具有可靠性的会计差错，一般是指差错的性质比较严重或者差错的金额比较大。该差错会影响报表使用者对民间非营利组织过去、现在或者未来的情况作出评价或者预测，则认为性质比较严重，如未遵循民间非营利组织会计制度、财务舞弊等原因产生的差错。通常情况下，导致差错的交易或者事项对报表某一具体项目的影响或者累积影响金额占该类交易或者事项对报表同一项目的影响金额的10%及以上，则认为金额比较大。民间非营利组织滥用会计政策、会计估计及其变更，应当作为重大会计差错予以更正。 **本报告期发现的与前期相关的非重大会计差错，应当按照其影响数调整相关项目的本期数。**
第七十条　财务会计报告中的会计报表至少应当包括以下三张报表： （一）资产负债表； （二）业务活动表； （三）现金流量表。	第八十七条　财务会计报告中的会计报表至少应当包括以下三张报表： （一）资产负债表； （二）业务活动表； （三）现金流量表。
第七十一条　会计报表附注至少应当包括下列内容： （一）~~重要会计政策及其变更情况的说明；~~ （二）~~董事会（或者~~理事会或者类似权力机构）成员和员工的数量、变动情况以及获得的薪金等报酬情况的说明；	第八十八条　会计报表附注至少应当包括下列内容： （一）**会计报表编制基础及遵循民间非营利组织会计制度的声明。** （二）理事会或者类似权力机构成员和员工的数量、变动情况以及获得的薪金等报酬情况的说明。

▲ **修改要点：** 新制度在“会计报表附注”增加了有关内容。

续表

（三）会计报表重要项目及其增减变动情况的说明；	（三）**重要会计政策和会计估计及其变更情况的说明**。
（四）资产提供者设置了~~时间或用途限制~~的相关资产情况的说明；	（四）**分支机构、代表机构设立情况的说明，包括分支机构、代表机构名称、设立时间、负责人情况等**。
（五）受托代理交易情况的说明，包括受托代理资产的构成、计价基础和依据、用途等；	（五）会计报表重要项目及其增减变动情况的说明。
（六）重大资产减值情况的说明；	（六）资产提供者设置了**时间限制或（和）用途限制**的相关资产情况的说明。
（七）公允价值无法可靠取得的受赠资产和其他资产的名称、数量、来源和用途等情况的说明；	（七）受托代理业务情况的说明，包括受托代理资产的构成、计价基础和依据、用途等。 （八）重大资产减值情况的说明。 （九）公允价值无法可靠取得的受赠资产和其他资产的名称、数量、来源和用途等情况的说明。
（八）对外承诺和或有事项情况的说明；	（十）**文物资源（包括按照名义金额计量的文物资源）类型、数量、来源等情况的说明**。
（九）接受~~劳务~~捐赠情况的说明；	（十一）对外承诺和或有事项情况的说明。 （十二）接受**服务**捐赠情况的说明。
（十）资产负债表日后非调整事项的说明；	（十三）**长期股权投资中，对被投资单位持有股份情况的说明，包括名称、股份取得方式、认缴金额及出资时间、实缴金额及出资时间、持股比例情况等**。

续表

	（十四）**对被投资单位具有控制、共同控制或重大影响的长期股权投资情况的说明，包括对被投资单位的影响程度及变动情况、被投资单位当年实现的净利润或发生的净亏损（财务会计报告报出日前未获得被投资单位经审计的净利润或净亏损金额的，可按估计值披露，同时注明为估计值，并在下一年度财务会计报告中披露当年实际值）等**。 （十五）**担任慈善信托的委托人和受托人的情况，包括参与的所有慈善信托的设立、变更、终止、信托事务处理情况和财产状况等**。 （十六）**出资设立其他民间非营利组织情况的说明**。 （十七）资产负债表日后非调整事项的说明。
（十一）有助于理解和分析会计报表需要说明的其他事项。	（十八）**发生关联方交易的说明，包括关联方关系的性质、交易类型及交易要素等。交易要素至少包括交易的金额，未结算项目的金额、条款和条件，未结算应收项目的坏账准备金额，定价政策等**。 （十九）**发生的重大差错更正的说明**。 （二十）有助于理解和分析会计报表需要说明的其他事项。

续表

	第八十九条　本制度所称的关联方，是指一方控制、共同控制另一方或对另一方施加重大影响，以及两方或两方以上同受一方控制、共同控制或重大影响的相关各方。以下各方构成民间非营利组织的关联方： （一）该民间非营利组织的设立人及其所属企业集团的其他成员单位； （二）该民间非营利组织控制、共同控制或施加重大影响的企业； （三）该民间非营利组织设立的其他民间非营利组织； （四）由该民间非营利组织的出资人或设立人及其所属企业集团的其他成员单位共同控制或施加重大影响的企业； （五）由该民间非营利组织的设立人及其所属企业集团的其他成员单位设立的其他民间非营利组织； （六）该民间非营利组织的关键管理人员及与其关系密切的家庭成员。关键管理人员，是指有权力并负责计划、指挥和控制民间非营利组织活动的人员。与关键管理人员关系密切的家庭成员，是指在处理与该组织的交易时可能影响该个人或受该个人影响的家庭成员。关键管理人员一般包括：民间非营利组织负责人、理事、监事、分支（代表）机构负责人等；

续表

	（七）该民间非营利组织的关键管理人员或与其关系密切的家庭成员控制、共同控制或施加重大影响的企业； （八）该民间非营利组织的关键管理人员或与其关系密切的家庭成员设立的其他民间非营利组织。 此外，以面向社会开展慈善活动为宗旨的民间非营利组织，与《中华人民共和国慈善法》所规定的主要捐赠人也构成关联方。
	第九十条　本制度所称的关联方交易，是指关联方之间转移资源、服务或义务的行为，而不论是否收取价款。关联方交易的类型通常包括以下情况：购买或销售商品及其他资产、提供或接受服务、提供或接受捐赠、作为委托人设立慈善信托、作为受托人受托管理慈善信托、提供资金、租赁、代理、许可协议、代表民间非营利组织或由民间非营利组织代表另一方进行债务结算、关键管理人员薪酬等。
第七十二条　~~财务情况说明书至少应当对下列情况作出说明~~： （一）民间非营利组织的宗旨、组织结构以及人员配备等情况； （二）民间非营利组织业务活动基本情况，年度计划和预算完成情况，产生差异的原因分析，下一会计期间业务活动计划和预算等；	第九十一条　**其他应当在财务会计报告中披露的相关信息和资料**： （一）民间非营利组织的**登记情况**、宗旨、组织结构以及人员配备等情况； （二）民间非营利组织业务活动基本情况，年度计划和预算完成情况，产生差异的原因分析，下一会计期间业务活动计划和预算等；

续表

（三）对民间非营利组织业务活动有重大影响的其他事项。	（三）对民间非营利组织业务活动有重大影响的其他事项。
第七十三条　~~民间非营利组织对外投资，而且占对被投资单位资本总额50%以上（不含50%），或者虽然占该单位资本总额不足50%但具有实质上的控制权的，或者对被投资单位具有控制权的，应当编制合并会计报表~~。	
第七十四条　民间非营利组织的年度财务会计报告至少应当于年度终了后4个月内对外提供。如果民间非营利组织被要求对外提供中期财务会计报告的，应当在规定的时间内对外提供。 会计报表的填列，以人民币“元”为金额单位，“元”以下填至“分”。	第九十二条　民间非营利组织的年度财务会计报告至少应当于年度终了后4个月内对外提供。如果民间非营利组织被要求对外提供中期财务会计报告的，应当在规定的时间内对外提供。 会计报表的填列，以人民币“元”为金额单位，“元”以下填至“分”。
第七十五条　民间非营利组织对外提供的财务会计报告应当依次编定页数，加具封面，装订成册，加盖公章。封面上应当注明：组织名称、组织登记证号、组织形式、地址、报表所属年度或者中期、报出日期，并由单位负责人和主管会计工作的负责人、会计机构负责人（会计主管人员）签名并盖章；设置总会计师的单位，还应当由总会计师签名并盖章。	第九十三条　民间非营利组织对外提供的财务会计报告应当依次编定页数，加具封面，装订成册，加盖公章。封面上应当注明：组织名称、组织登记证号、组织形式、地址、报表所属年度或者中期、报出日期，并由单位负责人和主管会计工作的负责人、会计机构负责人（会计主管人员）签名并盖章；设置总会计师的单位，还应当由总会计师签名并盖章。

续表

第八章　附则	第八章　附则
第七十六条　本制度自~~2005年1月1日~~起施行。	第九十四条　本制度自**2026年1月1日**起施行。
	第九十五条　**2004年8月18日财政部印发的《财政部关于印发〈民间非营利组织会计制度〉的通知》（财会〔2004〕7号）、2020年6月15日财政部印发的《关于印发〈《民间非营利组织会计制度》若干问题的解释〉的通知》（财会〔2020〕9号）同时废止。**

会计科目名称和编号对比表

原制度			新制度		
序号	编号	名称	序号	科目编号	名称
一、资产类			一、资产类		
1	1001	现金	1	1001	现金
2	1002	银行存款	2	1002	银行存款
3	1009	其他货币资金	3	1009	其他货币资金
4	1101	短期投资	4	1101	短期投资
5	1102	短期投资跌价准备	5	1102	短期投资跌价准备
6	1111	应收票据	6	1111	应收票据
7	1121	应收账款	7	1121	应收账款
8	1122	其他应收款	8	1122	其他应收款
9	1131	坏账准备	9	1131	坏账准备
10	1141	预付账款	10	1141	预付账款
11	1201	存货	11	1201	存货
12	1202	存货跌价准备	12	1202	存货跌价准备
13	1301	待摊费用	13	1301	待摊费用
14	1401	长期股权投资	14	1401	长期股权投资
15	1402	长期债权投资	15	1402	长期债权投资
			16	1403	**其他长期投资**
16	1421	长期投资减值准备	17	1421	长期投资减值准备
17	1501	固定资产	18	1501	固定资产
18	1502	累计折旧	19	1502	累计折旧
19	1505	在建工程	20	1505	在建工程

续表

原制度			新制度		
序号	编号	名称	序号	科目编号	名称
20	1506	文物文化资产	21	1506	**文物资源**
21	1509	固定资产清理	22	1509	固定资产清理
22	1601	无形资产	23	1601	无形资产
			24	1602	**累计摊销**
			25	1701	**长期待摊费用**
23	1701	受托代理资产	26	1801	受托代理资产
二、负债类			二、负债类		
24	2101	短期借款	27	2101	短期借款
25	2201	应付票据	28	2201	应付票据
26	2202	应付账款	29	2202	应付账款
27	2203	预收账款	30	2203	预收账款
28	2204	应付工资	31	2204	**应付职工薪酬**
29	2206	应交税金	32	2206	**应交税费**
30	2209	其他应付款	33	2209	其他应付款
31	2301	预提费用	34	2301	预提费用
32	2401	预计负债	37	2503	**预计负债**
33	2501	长期借款	35	2501	长期借款
34	2502	长期应付款	36	2502	长期应付款
35	2601	受托代理负债	38	2601	受托代理负债
三、净资产类			三、净资产类		
36	3101	非限定性净资产	39	3101	非限定性净资产
37	3102	限定性净资产	40	3102	限定性净资产
			41	3201	**以前年度净资产调整**

续表

原制度			新制度		
序号	编号	名称	序号	科目编号	名称
四、收入费用类			四、收入类		
38	4101	捐赠收入	42	4101	捐赠收入
39	4201	会费收入	43	4201	会费收入
40	4301	提供服务收入	44	4301	提供服务收入
41	4401	政府补助收入	45	4401	政府补助收入
42	4501	商品销售收入	46	4501	商品销售收入
43	4601	投资收益	47	4601	投资收益
			48	4701	**总部拨款收入**
44	4901	其他收入	49	4901	其他收入
			五、费用类		
45	5101	业务活动成本	50	5101	业务活动成本
			51	5201	**税金及附加**
46	~~5201~~	管理费用	52	5301	管理费用
47	~~5301~~	筹资费用	53	5401	筹资费用
			54	5501	**资产减值损失**
			55	5601	**所得税费用**
48	~~5401~~	其他费用	56	5901	其他费用

会民非01表

资产负债表

编制单位：　　　　　　　　年　月　日　　　　　　　单位：元

原制度	新制度			原制度	新制度		
资　产	资　产	年初余额	期末余额	负债和净资产	负债和净资产	年初余额	期末余额
流动资产：	流动资产：			流动负债：	流动负债：		
货币资金	货币资金			短期借款	短期借款		
短期投资	短期投资			应付款项	应付款项		
应收款项	应收款项			应付工资	**应付职工薪酬**		
预付账款	预付账款			应交税金	应交税**费**		
存　货	存　货			预收账款	预收账款		
待摊费用	待摊费用			预提费用	预提费用		
一年内到期的长期债权投资	**一年内到期的长期投资**			预计负债			
其他流动资产	其他流动资产			一年内到期的长期负债	一年内到期的长期负债		
流动资产合计	流动资产合计	—	—	其他流动负债	其他流动负债	—	—
				流动负债合计	流动负债合计		
	非流动资产：			长期负债：	长期负债：		

续表

原制度	新制度			原制度	新制度		
资　产	资　产	年初余额	期末余额	负债和净资产	负债和净资产	年初余额	期末余额
长期投资：	长期投资：			长期借款	长期借款		
长期股权投资	长期股权投资			长期应付款	长期应付款		
长期债权投资	长期债权投资				**预计负债**		
	其他长期投资			其他长期负债	其他长期负债		
长期投资合计	长期投资合计	—	—	长期负债合计	长期负债合计	—	—
固定资产：	固定资产：						
固定资产原价	固定资产原价			受托代理负债：	受托代理负债：		
减：累计折旧	减：累计折旧			受托代理负债	受托代理负债		
固定资产净值	固定资产净值	—	—				
在建工程	在建工程			**负债合计**	**负债合计**	—	—
~~文物文化资产~~							
固定资产清理	固定资产清理						
固定资产合计	固定资产合计						
	文物资源						
无形资产：	无形资产：						

续表

原制度	新制度			原制度	新制度		
资　产	资　产	年初余额	期末余额	负债和净资产	负债和净资产	年初余额	期末余额
无形资产	**无形资产原价**			净资产：	净资产：		
	减：累计摊销			非限定性净资产	非限定性净资产		
	无形资产净值	—	—	限定性净资产	限定性净资产		
	长期待摊费用			**净资产合计**	**净资产合计**	—	—
	非流动资产合计	—	—				
受托代理资产：	受托代理资产：						
受托代理资产	受托代理资产						
资产总计	**资产总计**	—	—	**负债和净资产总计**	**负债和净资产总计**	—	—

会民非02表

业务活动表

编制单位：　　　　　　　　　　　　年　月　日　　　　　　　　　　单位：元

项　　目	本月数			本年累计数		
	非限定性	限定性	合计	非限定性	限定性	合计
一、收　入						
捐赠收入			—			—
会费收入			—			—
提供服务收入			—			—
政府补助收入			—			—
商品销售收入			—			—
总部拨款收入			—			—
投资收益			—			—
其他收入			—			—
收入合计	—	—	—	—	—	—
二、费　用						
业务活动成本	—	—	—	—	—	—
其中：			—			—
			—			—
			—			—
税金及附加			—			—
管理费用			—			—

续表

项目	本月数			本年累计数		
	非限定性	限定性	合计	非限定性	限定性	合计
筹资费用			—			—
资产减值损失			—			—
所得税费用			—			—
其他费用			—			—
费用合计	—	—	—	—	—	—
三、限定性净资产转为非限定性 净资产			—			—
四、非限定净资产转为限定性净资产			—			—
五、以前年度净资产调整			—			—
六、净资产变动额（若为净资产 减少额，以“-”号填列）	—	—	—	—	—	—

“业务活动表”新旧对照说明：

1. “收入”项下：（1）“**商品销售收入**”移至“**政府补助收入**”后面；（2）增加“**总部拨款收入**”项。

2. “费用”项下：（1）增加“**税金及附加**”“**资产减值损失**”“**所得税费用**”三项。

3. 增加“**四、非限定净资产转为限定性净资产**”项。

4. 增加“**五、以前年度净资产调整**”项。

会民非03表

现金流量表

编制单位：　　　　　　　　　　年度　　　　　　　　　　单位：元

项　　目	本年金额	上年金额
一、业务活动产生的现金流量：		
接受捐赠收到的现金		
收取会费收到的现金		
提供服务收到的现金		
销售商品收到的现金		
政府补助收到的现金		
收到的其他与业务活动有关的现金		
现金流入小计	—	—
提供捐赠或者资助支付的现金		
支付给员工以及为员工支付的现金		
购买商品、接受服务支付的现金		
支付的其他与业务活动有关的现金		
现金流出小计	—	
业务活动产生的现金流量净额	—	—
二、投资活动产生的现金流量：		
收回投资所收到的现金		
取得投资收益所收到的现金		
处置固定资产、无形资产和其他非流动资产所收回 的现金		
收到的其他与投资活动有关的现金		
现金流入小计	—	—

续表

项　　目	本年金额	上年金额
购建固定资产、无形资产和其他非流动资产所支付 的现金		
对外投资所支付的现金		
支付的其他与投资活动有关的现金		
现金流出小计	—	—
投资活动产生的现金流量净额	—	—
三、筹资活动产生的现金流量：		
借款所收到的现金		
收到的其他与筹资活动有关的现金		
现金流入小计	—	—
偿还借款所支付的现金		
偿付利息所支付的现金		
支付的其他与筹资活动有关的现金		
现金流出小计	—	—
筹资活动产生的现金流量净额	—	—
四、汇率变动对现金的影响额		
五、现金及现金等价物净增加额	—	

“现金流量表”新旧对照说明：

1.“二、投资活动产生的现金流量”项下：“~~处置固定资产、无形资产所收回的现金~~”改为“处置固定资产、无形资产和其他非流动资产所收回的现金”。

2.“二、投资活动产生的现金流量”项下：“~~购建固定资产、无形资产所支付的现金~~”改为“购建固定资产、无形资产和其他非流动资产所支付 的现金”。

财政部会计司有关负责人就印发《民间非营利组织会计制度》答记者问

为进一步规范民间非营利组织会计核算，提高会计信息质量，近日，财政部修订印发了《民间非营利组织会计制度》(以下简称《民非会计制度》)。财政部会计司有关负责人就相关问题回答了记者的提问。

问：修订《民非会计制度》的必要性是什么？

答：2004年制定发布的《民非会计制度》，是我国首次对民间非营利组织（以下简称“民非组织”）制定的会计制度，填补了我国会计制度的一项空白，对规范民非组织的会计行为、提高会计信息质量、促进民非组织健康发展发挥了积极作用。2020年发布《〈民间非营利组织会计制度〉若干问题的解释》进一步明确了民非组织有关经济业务事项的会计处理，回应了实务关切。近年来，民非组织相关的法律法规、行业监管以及民非组织的自身业务活动发生了一些变化，有必要及时修订完善《民非会计制度》，解决实务问题，助力民非组织高质量发展。

一是修订《民非会计制度》是贯彻落实党中央有关社会组织发展决策部署的重要举措。党的十八大以来，以习近平同志为核心的党中央高度重视社会组织发展，党的二十大报告要求“引导、支持有意愿有能力的企业、社会组织和个人积极参与公益慈善事业”，党的二十届三中全会提出“健全社会组织管理制度”，党中央的决策部署为新时代社会组织健康有序发展提供了科学指引，为会计工作指明了方向。修订《民非会计制度》是从规范会计核算方面贯彻落实党中央有关社会组织发展决策部署的重要举措。

二是修订《民非会计制度》是适应民非组织法律法规和监管制度的必

然要求。民非组织相关法律法规不断修订完善，行业主管部门和监管部门的管理要求不断强化，对民非组织的会计信息质量和会计核算的规范性提出了新的要求。因此，修订《民非会计制度》有利于推动会计制度与相关法律法规有效衔接，推动民非组织法治化发展；有利于会计制度与行业管理协同配合，促进民非组织高质量发展；有利于会计制度与监管规定形成政策合力，推动民非组织规范化发展。

三是修订《民非会计制度》是规范民非组织会计核算、提高管理水平、推动高质量发展的制度保障。民非组织的规模和数量持续扩大，出现了很多新业务、新情况。例如，捐赠形式不断丰富、对外投资的类型和金额不断增加，出资设立其他民非组织等新事项有所增多。为适应实务发展需要，记录和反映新的业务活动，解决模式创新后出现的会计处理问题，需要及时修订《民非会计制度》。

问：《民非会计制度》的修订发布经历了哪些过程？

答：2022年，我们正式启动《民非会计制度》修订，邀请多个专家团队分专题开展课题研究，奠定了制度修订的理论基础。2023年以来，就民非组织会计核算情况深入开展调研，与来自监管机构、业务主管单位、基金会、社会团体、社会服务机构、宗教场所、境外非政府组织境内代表处等单位充分交流，就修订内容进行了逐条研讨，对其中重点问题进行了专题论证，在此基础上形成了征求意见稿，于2024年8月印发，面向国务院有关单位、地方财政部门和社会公众公开征求意见。

征求意见稿印发以来，各有关方面积极反馈。反馈意见总体上认为，《民非会计制度》的修订有助于解决民非组织会计实务问题，具有较强的可操作性，对提高会计信息质量，服务民非组织高质量发展具有现实意义。我们对反馈意见进行了全面梳理和分析，充分吸收各方意见，并与行业主管部门、监管部门、税务部门等协调沟通，修改完善后形成送审稿，履行审核批准程序后，于2024年X月正式印发。

问：《民非会计制度》的主要内容是什么？

答：《民非会计制度》由正文和附录两部分组成。

正文共八章九十五条。第一章总则共十三条，主要阐述了《民非会计制度》的制定目的和制定依据、适用范围、核算基础、基本原则等总体要求。第二章至第六章共六十六条，对民非组织资产、负债、净资产、收入和费用等会计要素的确认和计量作出规范。第七章财务会计报告共十四条，主要对民非组织会计报表类型、编制要求、以及会计政策、会计估计变更和差错更正、会计报表附注等作出规范。第八章附则共两条，主要规范施行日期以及与原制度的衔接问题。

附录共六部分。第一部分对会计科目、会计凭证、会计账簿、财务会计报告等进行总说明。第二部分和第三部分明确了56个会计科目的具体设置、核算内容和主要账务处理。第四部分至第六部分明确了资产负债表、业务活动表和现金流量表的格式及编制说明，以及会计报表附注内容等。

问：《民非会计制度》本次修订的主要内容都有什么？

答： 1.增加部分会计处理规定。

一是增加适用制度的组织类型。根据有关监管要求和实务意见，在制度适用范围中增加了国际性社会团体、外国商会、境外非政府组织在中国境内依法登记设立的代表机构等民非组织。与《中华人民共和国民法典》、《中华人民共和国慈善法》、《企业所得税法实施条例》等法律法规相衔接，修改了民非组织的三个特征。与《宗教事务条例》相衔接，将寺院、宫观、清真寺、教堂统一表述为宗教活动场所。

二是增加服务捐赠会计处理规定。近年来，服务捐赠的形式和数量不断增加，有必要确认服务捐赠形成的收入和成本。为此，增加了服务捐赠的会计核算规定，即：民非组织接受的服务捐赠，如果捐赠方提供了发票等有关凭据，且凭据上标明的金额能够反映受赠服务的公允价值，民非组织应当按照凭据金额入账，并在会计报表附注中予以披露。

三是增加风险准备金等有关核算规定。监管要求部分民非组织可以建立风险准备金制度等，例如《慈善组织保值增值投资活动管理暂行办法》规定慈善组织可以建立风险准备金制度，《民办教育促进法实施条例》规定实施学前教育、学历教育的民办学校应当建立专项资金或基金。为此增加了相关规定，即民非组织根据国家有关法律、行政法规等提取风险准备金、专项资金或基金等，应当按照实际提取额，从非限定性净资产转入限定性净资产。

四是增加部分会计科目。为了满足实务核算和监管需要，主要增加以下科目：增加“其他长期投资”科目核算持有时间超过1年的除股权和债权以外的其他长期投资；增加“长期待摊费用”科目核算实务中摊销期在1年以上的待摊费用；增加“以前年度净资产调整”科目核算本年度发现的前期差错更正；增加“税金及附加”科目核算民非组织业务活动发生的各项税金及附加；增加“所得税费用”科目核算民非组织应当缴纳的所得税费用等。

五是增加相关信息披露要求。加强关联方披露，要求民非组织应当在会计报表附注中披露关联方关系的性质、交易类型及交易要素，同时要求披露分支机构、代表机构设立情况的说明。细化长期股权投资的披露要求，对被投资单位具有控制、共同控制或重大影响的长期股权投资，应当披露对被投资单位的影响程度及变动情况、被投资单位当年实现的净利润或发生的净亏损等。增加披露担任慈善信托的委托人和受托人的情况，包括参与的所有慈善信托的设立、变更、终止、信托事务处理情况和财产状况等。

2.修订部分会计处理规定。

一是修改限定性净资产的会计处理方法。为适应实务需要，我们简化了限定性净资产的重分类要求，将民非组织发生的各项收入和费用区分为限定性和非限定性核算，期末将限定性收入和费用直接结转至限定性净资产，取消了限定性净资产在使用时重分类为非限定性净资产的要求。修订后的会计处理方法，更有助于会计人员理解和操作，提高会计核算效率。

二是修改长期股权投资的会计处理方法。将长期股权投资的权益法和成本法核算修改为统一用成本法核算，并增加相关披露要求。主要考虑是民非组织更加关注可用于各类项目支出的货币资金，成本法加计提减值准备的会计处理方法更加符合民非组织的业务特点和管理要求。民非组织的资源提供者向民非组织投入资源不取得经济回报，没有所有者权益的概念，成本法更符合民非组织的特征。同时，我们增加相关披露要求，单独反映被投资单位当年实现的净利润或发生的净亏损，充分满足信息使用者的需求。

三是修改管理费用科目核算内容。考虑到管理费用和资产减值损失二者性质不同，我们将资产减值损失从“管理费用”科目的核算内容中单独出来，增设“资产减值损失”科目核算。

3.删除合并报表要求。

实践表明，民非组织的会计信息使用者目前没有对合并报表会计信息的使用需求，主要关注个别报表中的会计信息，所以在本次修订中删除了要求民非组织编制合并报表的规定，与之相关的信息在会计报表附注中加强披露。

问：财政部门将如何做好《民非会计制度》的实施指导工作？

答：《民非会计制度》将于2026年1月1日起在民非组织施行，我们将开展以下工作，推动《民非会计制度》有效贯彻实施：一是及时出台相关新旧会计制度衔接规定，为民非组织执行《民非会计制度》提供政策保障，确保新旧会计制度顺利衔接、平稳过渡。二是联合民政等部门组织开展《民非会计制度》的培训，使民非组织尽快熟悉和掌握新制度，确保《民非会计制度》有效落地实施。三是跟踪关注《民非会计制度》执行情况，及时回应实施中的实务问题，加强实施指导，提升《民非会计制度》执行效果。

相关法规

中华人民共和国会计法

（1985年1月21日第六届全国人民代表大会常务委员会第九次会议通过　根据1993年12月29日第八届全国人民代表大会常务委员会第五次会议《关于修改〈中华人民共和国会计法〉的决定》第一次修正　1999年10月31日第九届全国人民代表大会常务委员会第十二次会议修订　根据2017年11月4日第十二届全国人民代表大会常务委员会第三十次会议《关于修改〈中华人民共和国会计法〉等十一部法律的决定》第二次修正　根据2024年6月28日第十四届全国人民代表大会常务委员会第十次会议《关于修改〈中华人民共和国会计法〉的决定》第三次修正）

目　录

第一章 总 则

第一条 为了规范会计行为，保证会计资料真实、完整，加强经济管理和财务管理，提高经济效益，维护社会主义市场经济秩序，制定本法。

第二条 会计工作应当贯彻落实党和国家路线方针政策、决策部署，维护社会公共利益，为国民经济和社会发展服务。

国家机关、社会团体、公司、企业、事业单位和其他组织（以下统称单位）必须依照本法办理会计事务。

第三条 各单位必须依法设置会计账簿，并保证其真实、完整。

第四条 单位负责人对本单位的会计工作和会计资料的真实性、完整性负责。

第五条 会计机构、会计人员依照本法规定进行会计核算，实行会计监督。

任何单位或者个人不得以任何方式授意、指使、强令会计机构、会计人员伪造、变造会计凭证、会计账簿和其他会计资料，提供虚假财务会计报告。

任何单位或者个人不得对依法履行职责、抵制违反本法规定行为的会计人员实行打击报复。

第六条 对认真执行本法，忠于职守，坚持原则，做出显著成绩的会计人员，给予精神的或者物质的奖励。

第七条 国务院财政部门主管全国的会计工作。

县级以上地方各级人民政府财政部门管理本行政区域内的会计工作。

第八条 国家实行统一的会计制度。国家统一的会计制度由国务院财政部门根据本法制定并公布。

国务院有关部门可以依照本法和国家统一的会计制度制定对会计核算和会计监督有特殊要求的行业实施国家统一的会计制度的具体办法或者补充规定，报国务院财政部门审核批准。

国家加强会计信息化建设，鼓励依法采用现代信息技术开展会计工作，具体办法由国务院财政部门会同有关部门制定。

第二章　会计核算

第九条　各单位必须根据实际发生的经济业务事项进行会计核算，填制会计凭证，登记会计账簿，编制财务会计报告。

任何单位不得以虚假的经济业务事项或者资料进行会计核算。

第十条　各单位应当对下列经济业务事项办理会计手续，进行会计核算：

（一）资产的增减和使用；

（二）负债的增减；

（三）净资产（所有者权益）的增减；

（四）收入、支出、费用、成本的增减；

（五）财务成果的计算和处理；

（六）需要办理会计手续、进行会计核算的其他事项。

第十一条　会计年度自公历1月1日起至12月31日止。

第十二条　会计核算以人民币为记账本位币。

业务收支以人民币以外的货币为主的单位，可以选定其中一种货币作为记账本位币，但是编报的财务会计报告应当折算为人民币。

第十三条　会计凭证、会计账簿、财务会计报告和其他会计资料，必须符合国家统一的会计制度的规定。

使用电子计算机进行会计核算的，其软件及其生成的会计凭证、会计账簿、财务会计报告和其他会计资料，也必须符合国家统一的会计制度的规定。

任何单位和个人不得伪造、变造会计凭证、会计账簿及其他会计资料，不得提供虚假的财务会计报告。

第十四条　会计凭证包括原始凭证和记账凭证。

办理本法第十条所列的经济业务事项，必须填制或者取得原始凭证并及时送交会计机构。

会计机构、会计人员必须按照国家统一的会计制度的规定对原始凭证进行审核，对不真实、不合法的原始凭证有权不予接受，并向单位负责人报告；对记载不准确、不完整的原始凭证予以退回，并要求按照国家统一的会计制度的规定更正、补充。

原始凭证记载的各项内容均不得涂改；原始凭证有错误的，应当由出具单位重开或者更正，更正处应当加盖出具单位印章。原始凭证金额有错误的，应当由出具单位重开，不得在原始凭证上更正。

记账凭证应当根据经过审核的原始凭证及有关资料编制。

第十五条　会计账簿登记，必须以经过审核的会计凭证为依据，并符合有关法律、行政法规和国家统一的会计制度的规定。会计账簿包括总账、明细账、日记账和其他辅助性账簿。

会计账簿应当按照连续编号的页码顺序登记。会计账簿记录发生错误或者隔页、缺号、跳行的，应当按照国家统一的会计制度规定的方法更正，并由会计人员和会计机构负责人（会计主管人员）在更正处盖章。

使用电子计算机进行会计核算的，其会计账簿的登记、更正，应当符合国家统一的会计制度的规定。

第十六条　各单位发生的各项经济业务事项应当在依法设置的会计账簿上统一登记、核算，不得违反本法和国家统一的会计制度的规定私设会计账簿登记、核算。

第十七条　各单位应当定期将会计账簿记录与实物、款项及有关资料相互核对，保证会计账簿记录与实物及款项的实有数额相符、会计账簿记录与会计凭证的有关内容相符、会计账簿之间相对应的记录相符、会计账簿记录与会计报表的有关内容相符。

第十八条　各单位采用的会计处理方法，前后各期应当一致，不得随意变更；确有必要变更的，应当按照国家统一的会计制度的规定变更，并将变更的原因、情况及影响在财务会计报告中说明。

第十九条　单位提供的担保、未决诉讼等或有事项，应当按照国家统一的会计制度的规定，在财务会计报告中予以说明。

第二十条 财务会计报告应当根据经过审核的会计账簿记录和有关资料编制，并符合本法和国家统一的会计制度关于财务会计报告的编制要求、提供对象和提供期限的规定；其他法律、行政法规另有规定的，从其规定。

向不同的会计资料使用者提供的财务会计报告，其编制依据应当一致。有关法律、行政法规规定财务会计报告须经注册会计师审计的，注册会计师及其所在的会计师事务所出具的审计报告应当随同财务会计报告一并提供。

第二十一条 财务会计报告应当由单位负责人和主管会计工作的负责人、会计机构负责人（会计主管人员）签名并盖章；设置总会计师的单位，还须由总会计师签名并盖章。

单位负责人应当保证财务会计报告真实、完整。

第二十二条 会计记录的文字应当使用中文。在民族自治地方，会计记录可以同时使用当地通用的一种民族文字。在中华人民共和国境内的外商投资企业、外国企业和其他外国组织的会计记录可以同时使用一种外国文字。

第二十三条 各单位对会计凭证、会计账簿、财务会计报告和其他会计资料应当建立档案，妥善保管。会计档案的保管期限、销毁、安全保护等具体管理办法，由国务院财政部门会同有关部门制定。

第二十四条 各单位进行会计核算不得有下列行为：

（一）随意改变资产、负债、净资产（所有者权益）的确认标准或者计量方法，虚列、多列、不列或者少列资产、负债、净资产（所有者权益）；

（二）虚列或者隐瞒收入，推迟或者提前确认收入；

（三）随意改变费用、成本的确认标准或者计量方法，虚列、多列、不列或者少列费用、成本；

（四）随意调整利润的计算、分配方法，编造虚假利润或者隐瞒利润；

（五）违反国家统一的会计制度规定的其他行为。

第三章　会计监督

第二十五条 各单位应当建立、健全本单位内部会计监督制度，并将其纳入本单位内部控制制度。单位内部会计监督制度应当符合下列要求：

（一）记账人员与经济业务事项和会计事项的审批人员、经办人员、财物保管人员的职责权限应当明确，并相互分离、相互制约；

（二）重大对外投资、资产处置、资金调度和其他重要经济业务事项的决策和执行的相互监督、相互制约程序应当明确；

（三）财产清查的范围、期限和组织程序应当明确；

（四）对会计资料定期进行内部审计的办法和程序应当明确；

（五）国务院财政部门规定的其他要求。

第二十六条 单位负责人应当保证会计机构、会计人员依法履行职责，不得授意、指使、强令会计机构、会计人员违法办理会计事项。

会计机构、会计人员对违反本法和国家统一的会计制度规定的会计事项，有权拒绝办理或者按照职权予以纠正。

第二十七条 会计机构、会计人员发现会计账簿记录与实物、款项及有关资料不相符的，按照国家统一的会计制度的规定有权自行处理的，应当及时处理；无权处理的，应当立即向单位负责人报告，请求查明原因，作出处理。

第二十八条 任何单位和个人对违反本法和国家统一的会计制度规定的行为，有权检举。收到检举的部门有权处理的，应当依法按照职责分工及时处理；无权处理的，应当及时移送有权处理的部门处理。收到检举的部门、负责处理的部门应当为检举人保密，不得将检举人姓名和检举材料转给被检举单位和被检举人个人。

第二十九条 有关法律、行政法规规定，须经注册会计师进行审计的单位，应当向受委托的会计师事务所如实提供会计凭证、会计账簿、财务会计报告和其他会计资料以及有关情况。

任何单位或者个人不得以任何方式要求或者示意注册会计师及其所在的会计师事务所出具不实或者不当的审计报告。

财政部门有权对会计师事务所出具审计报告的程序和内容进行监督。

第三十条 财政部门对各单位的下列情况实施监督：

（一）是否依法设置会计账簿；

（二）会计凭证、会计账簿、财务会计报告和其他会计资料是否真实、完整；

（三）会计核算是否符合本法和国家统一的会计制度的规定；

（四）从事会计工作的人员是否具备专业能力、遵守职业道德。

在对前款第（二）项所列事项实施监督，发现重大违法嫌疑时，国务院财政部门及其派出机构可以向与被监督单位有经济业务往来的单位和被监督单位开立账户的金融机构查询有关情况，有关单位和金融机构应当给予支持。

第三十一条 财政、审计、税务、金融管理等部门应当依照有关法律、行政法规规定的职责，对有关单位的会计资料实施监督检查，并出具检查结论。

财政、审计、税务、金融管理等部门应当加强监督检查协作，有关监督检查部门已经作出的检查结论能够满足其他监督检查部门履行本部门职责需要的，其他监督检查部门应当加以利用，避免重复查账。

第三十二条 依法对有关单位的会计资料实施监督检查的部门及其工作人员对在监督检查中知悉的国家秘密、工作秘密、商业秘密、个人隐私、个人信息负有保密义务。

第三十三条 各单位必须依照有关法律、行政法规的规定，接受有关监督检查部门依法实施的监督检查，如实提供会计凭证、会计账簿、财务会计报告和其他会计资料以及有关情况，不得拒绝、隐匿、谎报。

第四章 会计机构和会计人员

第三十四条 各单位应当根据会计业务的需要，依法采取下列一种方式组织本单位的会计工作：

（一）设置会计机构；

（二）在有关机构中设置会计岗位并指定会计主管人员；

（三）委托经批准设立从事会计代理记账业务的中介机构代理记账；

（四）国务院财政部门规定的其他方式。

国有的和国有资本占控股地位或者主导地位的大、中型企业必须设置总会计师。总会计师的任职资格、任免程序、职责权限由国务院规定。

第三十五条 会计机构内部应当建立稽核制度。

出纳人员不得兼任稽核、会计档案保管和收入、支出、费用、债权债务账目的登记工作。

第三十六条 会计人员应当具备从事会计工作所需要的专业能力。

担任单位会计机构负责人（会计主管人员）的，应当具备会计师以上专业技术职务资格或者从事会计工作三年以上经历。

本法所称会计人员的范围由国务院财政部门规定。

第三十七条 会计人员应当遵守职业道德，提高业务素质，严格遵守国家有关保密规定。对会计人员的教育和培训工作应当加强。

第三十八条 因有提供虚假财务会计报告，做假账，隐匿或者故意销毁会计凭证、会计账簿、财务会计报告，贪污，挪用公款，职务侵占等与会计职务有关的违法行为被依法追究刑事责任的人员，不得再从事会计工作。

第三十九条 会计人员调动工作或者离职，必须与接管人员办清交接手续。

一般会计人员办理交接手续，由会计机构负责人（会计主管人员）监交；会计机构负责人（会计主管人员）办理交接手续，由单位负责人监交，必要时主管单位可以派人会同监交。

第五章 法律责任

第四十条 违反本法规定，有下列行为之一的，由县级以上人民政府财政部门责令限期改正，给予警告、通报批评，对单位可以并处二十万元以下的罚款，对其直接负责的主管人员和其他直接责任人员可以处五万元以下的罚款；情节严重的，对单位可以并处二十万元以上一百万元以下的罚款，对其直接负责的主管人员和其他直接责任人员可以处五万元以上五十万元以下的罚款；属于公职人员的，还应当依法给予处分：

（一）不依法设置会计账簿的；

（二）私设会计账簿的；

（三）未按照规定填制、取得原始凭证或者填制、取得的原始凭证不符合规定的；

（四）以未经审核的会计凭证为依据登记会计账簿或者登记会计账簿不符合规定的；

（五）随意变更会计处理方法的；

（六）向不同的会计资料使用者提供的财务会计报告编制依据不一致的；

（七）未按照规定使用会计记录文字或者记账本位币的；

（八）未按照规定保管会计资料，致使会计资料毁损、灭失的；

（九）未按照规定建立并实施单位内部会计监督制度或者拒绝依法实施的监督或者不如实提供有关会计资料及有关情况的；

（十）任用会计人员不符合本法规定的。

有前款所列行为之一，构成犯罪的，依法追究刑事责任。

会计人员有第一款所列行为之一，情节严重的，五年内不得从事会计工作。

有关法律对第一款所列行为的处罚另有规定的，依照有关法律的规定办理。

第四十一条 伪造、变造会计凭证、会计账簿，编制虚假财务会计报告，隐匿或者故意销毁依法应当保存的会计凭证、会计账簿、财务会计报告的，由县级以上人民政府财政部门责令限期改正，给予警告、通报批评，没收违法所得，违法所得二十万元以上的，对单位可以并处违法所得一倍以上十倍以下的罚款，没有违法所得或者违法所得不足二十万元的，可以并处二十万元以上二百万元以下的罚款；对其直接负责的主管人员和其他直接责任人员可以处十万元以上五十万元以下的罚款，情节严重的，可以处五十万元以上二百万元以下的罚款；属于公职人员的，还应当依法给予处分；其中的会计人员，五年内不得从事会计工作；构成犯罪的，依法追究刑事责任。

第四十二条 授意、指使、强令会计机构、会计人员及其他人员伪造、变造会计凭证、会计账簿，编制虚假财务会计报告或者隐匿、故意销毁依法应当保存的会计凭证、会计账簿、财务会计报告的，由县级以上人民政府财政部门给予警告、通报批评，可以并处二十万元以上一百万元以下的罚款；情节严重的，可以并处一百万元以上五百万元以下的罚款；属于公职人员的，还应当依法给予处分；构成犯罪的，依法追究刑事责任。

第四十三条 单位负责人对依法履行职责、抵制违反本法规定行为的会计人员以降级、撤职、调离工作岗位、解聘或者开除等方式实行打击报复的，依法给予处分；构成犯罪的，依法追究刑事责任。对受打击报复的会计人员，应当恢复其名誉和原有职务、级别。

第四十四条 财政部门及有关行政部门的工作人员在实施监督管理中滥用职权、玩忽职守、徇私舞弊或者泄露国家秘密、工作秘密、商业秘密、个人隐私、个人信息的，依法给予处分；构成犯罪的，依法追究刑事责任。

第四十五条 违反本法规定，将检举人姓名和检举材料转给被检举单位和被检举人个人的，依法给予处分。

第四十六条 违反本法规定，但具有《中华人民共和国行政处罚法》规定的从轻、减轻或者不予处罚情形的，依照其规定从轻、减轻或者不予处罚。

第四十七条 因违反本法规定受到处罚的，按照国家有关规定记入信用记录。

违反本法规定，同时违反其他法律规定的，由有关部门在各自职权范围内依法进行处罚。

第六章 附 则

第四十八条 本法下列用语的含义：

单位负责人，是指单位法定代表人或者法律、行政法规规定代表单位行使职权的主要负责人。

国家统一的会计制度，是指国务院财政部门根据本法制定的关于会计核算、会计监督、会计机构和会计人员以及会计工作管理的制度。

第四十九条 中央军事委员会有关部门可以依照本法和国家统一的会计

制度制定军队实施国家统一的会计制度的具体办法，抄送国务院财政部门。

第五十条 个体工商户会计管理的具体办法，由国务院财政部门根据本法的原则另行规定。

第五十一条 本法自2000年7月1日起施行。

中华人民共和国民办教育促进法

（2002年12月28日第九届全国人民代表大会常务委员会第三十一次会议通过　根据2013年6月29日第十二届全国人民代表大会常务委员会第三次会议《关于修改〈中华人民共和国文物保护法〉等十二部法律的决定》第一次修正　根据2016年11月7日第十二届全国人民代表大会常务委员会第二十四次会议《关于修改〈中华人民共和国民办教育促进法〉的决定》第二次修正　根据2018年12月29日第十三届全国人民代表大会常务委员会第七次会议《关于修改〈中华人民共和国劳动法〉等七部法律的决定》第三次修正）

目　录

第一章　总　则

第一条　为实施科教兴国战略，促进民办教育事业的健康发展，维护民办学校和受教育者的合法权益，根据宪法和教育法制定本法。

第二条　国家机构以外的社会组织或者个人，利用非国家财政性经费，面向社会举办学校及其他教育机构的活动，适用本法。本法未作规定的，依照教育法和其他有关教育法律执行。

第三条　民办教育事业属于公益性事业，是社会主义教育事业的组成部分。

国家对民办教育实行积极鼓励、大力支持、正确引导、依法管理的方针。

各级人民政府应当将民办教育事业纳入国民经济和社会发展规划。

第四条　民办学校应当遵守法律、法规，贯彻国家的教育方针，保证教育质量，致力于培养社会主义建设事业的各类人才。

民办学校应当贯彻教育与宗教相分离的原则。任何组织和个人不得利用宗教进行妨碍国家教育制度的活动。

第五条　民办学校与公办学校具有同等的法律地位，国家保障民办学校的办学自主权。

国家保障民办学校举办者、校长、教职工和受教育者的合法权益。

第六条　国家鼓励捐资办学。

国家对为发展民办教育事业做出突出贡献的组织和个人，给予奖励和表彰。

第七条　国务院教育行政部门负责全国民办教育工作的统筹规划、综合协调和宏观管理。

国务院人力资源社会保障行政部门及其他有关部门在国务院规定的职责范围内分别负责有关的民办教育工作。

第八条　县级以上地方各级人民政府教育行政部门主管本行政区域内的民办教育工作。

县级以上地方各级人民政府人力资源社会保障行政部门及其他有关部门在各自的职责范围内，分别负责有关的民办教育工作。

第九条 民办学校中的中国共产党基层组织，按照中国共产党章程的规定开展党的活动，加强党的建设。

第二章 设 立

第十条 举办民办学校的社会组织，应当具有法人资格。

举办民办学校的个人，应当具有政治权利和完全民事行为能力。

民办学校应当具备法人条件。

第十一条 设立民办学校应当符合当地教育发展的需求，具备教育法和其他有关法律、法规规定的条件。

民办学校的设置标准参照同级同类公办学校的设置标准执行。

第十二条 举办实施学历教育、学前教育、自学考试助学及其他文化教育的民办学校，由县级以上人民政府教育行政部门按照国家规定的权限审批；举办实施以职业技能为主的职业资格培训、职业技能培训的民办学校，由县级以上人民政府人力资源社会保障行政部门按照国家规定的权限审批，并抄送同级教育行政部门备案。

第十三条 申请筹设民办学校，举办者应当向审批机关提交下列材料:

（一）申办报告，内容应当主要包括:举办者、培养目标、办学规模、办学层次、办学形式、办学条件、内部管理体制、经费筹措与管理使用等；

（二）举办者的姓名、住址或者名称、地址；

（三）资产来源、资金数额及有效证明文件，并载明产权；

（四）属捐赠性质的校产须提交捐赠协议，载明捐赠人的姓名、所捐资产的数额、用途和管理方法及相关有效证明文件。

第十四条 审批机关应当自受理筹设民办学校的申请之日起三十日内以书面形式作出是否同意的决定。

同意筹设的，发给筹设批准书。不同意筹设的，应当说明理由。

筹设期不得超过三年。超过三年的，举办者应当重新申报。

第十五条 申请正式设立民办学校的，举办者应当向审批机关提交下列材料：

（一）筹设批准书；

（二）筹设情况报告；

（三）学校章程、首届学校理事会、董事会或者其他决策机构组成人员名单；

（四）学校资产的有效证明文件；

（五）校长、教师、财会人员的资格证明文件。

第十六条 具备办学条件，达到设置标准的，可以直接申请正式设立，并应当提交本法第十三条和第十五条（三）、（四）、（五）项规定的材料。

第十七条 申请正式设立民办学校的，审批机关应当自受理之日起三个月内以书面形式作出是否批准的决定，并送达申请人；其中申请正式设立民办高等学校的，审批机关也可以自受理之日起六个月内以书面形式作出是否批准的决定，并送达申请人。

第十八条 审批机关对批准正式设立的民办学校发给办学许可证。

审批机关对不批准正式设立的，应当说明理由。

第十九条 民办学校的举办者可以自主选择设立非营利性或者营利性民办学校。但是，不得设立实施义务教育的营利性民办学校。

非营利性民办学校的举办者不得取得办学收益，学校的办学结余全部用于办学。

营利性民办学校的举办者可以取得办学收益，学校的办学结余依照公司法等有关法律、行政法规的规定处理。

民办学校取得办学许可证后，进行法人登记，登记机关应当依法予以办理。

第三章 学校的组织与活动

第二十条 民办学校应当设立学校理事会、董事会或者其他形式的决策机构并建立相应的监督机制。

民办学校的举办者根据学校章程规定的权限和程序参与学校的办学和管理。

第二十一条 学校理事会或者董事会由举办者或者其代表、校长、教职工代表等人员组成。其中三分之一以上的理事或者董事应当具有五年以上教育教学经验。

学校理事会或者董事会由五人以上组成，设理事长或者董事长一人。理事长、理事或者董事长、董事名单报审批机关备案。

第二十二条 学校理事会或者董事会行使下列职权：

（一）聘任和解聘校长；

（二）修改学校章程和制定学校的规章制度；

（三）制定发展规划，批准年度工作计划；

（四）筹集办学经费，审核预算、决算；

（五）决定教职工的编制定额和工资标准；

（六）决定学校的分立、合并、终止；

（七）决定其他重大事项。

其他形式决策机构的职权参照本条规定执行。

第二十三条 民办学校的法定代表人由理事长、董事长或者校长担任。

第二十四条 民办学校参照同级同类公办学校校长任职的条件聘任校长，年龄可以适当放宽。

第二十五条 民办学校校长负责学校的教育教学和行政管理工作，行使下列职权：

（一）执行学校理事会、董事会或者其他形式决策机构的决定；

（二）实施发展规划，拟订年度工作计划、财务预算和学校规章制度；

（三）聘任和解聘学校工作人员，实施奖惩；

（四）组织教育教学、科学研究活动，保证教育教学质量；

（五）负责学校日常管理工作；

（六）学校理事会、董事会或者其他形式决策机构的其他授权。

第二十六条 民办学校对招收的学生，根据其类别、修业年限、学业成绩，可以根据国家有关规定发给学历证书、结业证书或者培训合格证书。

对接受职业技能培训的学生，经备案的职业技能鉴定机构鉴定合格的，可以发给国家职业资格证书。

第二十七条 民办学校依法通过以教师为主体的教职工代表大会等形式，保障教职工参与民主管理和监督。

民办学校的教师和其他工作人员，有权依照工会法，建立工会组织，维护其合法权益。

第四章 教师与受教育者

第二十八条 民办学校的教师、受教育者与公办学校的教师、受教育者具有同等的法律地位。

第二十九条 民办学校聘任的教师，应当具有国家规定的任教资格。

第三十条 民办学校应当对教师进行思想品德教育和业务培训。

第三十一条 民办学校应当依法保障教职工的工资、福利待遇和其他合法权益，并为教职工缴纳社会保险费。

国家鼓励民办学校按照国家规定为教职工办理补充养老保险。

第三十二条 民办学校教职工在业务培训、职务聘任、教龄和工龄计算、表彰奖励、社会活动等方面依法享有与公办学校教职工同等权利。

第三十三条 民办学校依法保障受教育者的合法权益。

民办学校按照国家规定建立学籍管理制度，对受教育者实施奖励或者处分。

第三十四条 民办学校的受教育者在升学、就业、社会优待以及参加先进评选等方面享有与同级同类公办学校的受教育者同等权利。

第五章 学校资产与财务管理

第三十五条 民办学校应当依法建立财务、会计制度和资产管理制度，并按照国家有关规定设置会计帐簿。

第三十六条 民办学校对举办者投入民办学校的资产、国有资产、受赠的财产以及办学积累，享有法人财产权。

第三十七条 民办学校存续期间，所有资产由民办学校依法管理和使用，任何组织和个人不得侵占。

任何组织和个人都不得违反法律、法规向民办教育机构收取任何费用。

第三十八条 民办学校收取费用的项目和标准根据办学成本、市场需求等因素确定，向社会公示，并接受有关主管部门的监督。

非营利性民办学校收费的具体办法，由省、自治区、直辖市人民政府制定；营利性民办学校的收费标准，实行市场调节，由学校自主决定。

民办学校收取的费用应当主要用于教育教学活动、改善办学条件和保障教职工待遇。

第三十九条 民办学校资产的使用和财务管理受审批机关和其他有关部门的监督。

民办学校应当在每个会计年度结束时制作财务会计报告，委托会计师事务所依法进行审计，并公布审计结果。

第六章 管理与监督

第四十条 教育行政部门及有关部门应当对民办学校的教育教学工作、教师培训工作进行指导。

第四十一条 教育行政部门及有关部门依法对民办学校实行督导，建立民办学校信息公示和信用档案制度，促进提高办学质量；组织或者委托社会中介组织评估办学水平和教育质量，并将评估结果向社会公布。

第四十二条 民办学校的招生简章和广告，应当报审批机关备案。

第四十三条 民办学校侵犯受教育者的合法权益，受教育者及其亲属有权向教育行政部门和其他有关部门申诉，有关部门应当及时予以处理。

第四十四条 国家支持和鼓励社会中介组织为民办学校提供服务。

第七章 扶持与奖励

第四十五条 县级以上各级人民政府可以设立专项资金，用于资助民办学校的发展，奖励和表彰有突出贡献的集体和个人。

第四十六条 县级以上各级人民政府可以采取购买服务、助学贷款、奖助学金和出租、转让闲置的国有资产等措施对民办学校予以扶持；对非营利性民办学校还可以采取政府补贴、基金奖励、捐资激励等扶持措施。

第四十七条 民办学校享受国家规定的税收优惠政策；其中，非营利性民办学校享受与公办学校同等的税收优惠政策。

第四十八条 民办学校依照国家有关法律、法规，可以接受公民、法人或者其他组织的捐赠。

国家对向民办学校捐赠财产的公民、法人或者其他组织按照有关规定给予税收优惠，并予以表彰。

第四十九条 国家鼓励金融机构运用信贷手段，支持民办教育事业的发展。

第五十条 人民政府委托民办学校承担义务教育任务，应当按照委托协议拨付相应的教育经费。

第五十一条 新建、扩建非营利性民办学校，人民政府应当按照与公办学校同等原则，以划拨等方式给予用地优惠。新建、扩建营利性民办学校，人民政府应当按照国家规定供给土地。

教育用地不得用于其他用途。

第五十二条 国家采取措施，支持和鼓励社会组织和个人到少数民族地区、边远贫困地区举办民办学校，发展教育事业。

第八章 变更与终止

第五十三条 民办学校的分立、合并，在进行财务清算后，由学校理事会或者董事会报审批机关批准。

申请分立、合并民办学校的，审批机关应当自受理之日起三个月内以书面形式答复；其中申请分立、合并民办高等学校的，审批机关也可以自受理之日起六个月内以书面形式答复。

第五十四条 民办学校举办者的变更，须由举办者提出，在进行财务清算后，经学校理事会或者董事会同意，报审批机关核准。

第五十五条 民办学校名称、层次、类别的变更，由学校理事会或者董事会报审批机关批准。

申请变更为其他民办学校，审批机关应当自受理之日起三个月内以书面形式答复；其中申请变更为民办高等学校的，审批机关也可以自受理之日起六个月内以书面形式答复。

第五十六条 民办学校有下列情形之一的，应当终止：

（一）根据学校章程规定要求终止，并经审批机关批准的；

（二）被吊销办学许可证的；

（三）因资不抵债无法继续办学的。

第五十七条 民办学校终止时，应当妥善安置在校学生。实施义务教育的民办学校终止时，审批机关应当协助学校安排学生继续就学。

第五十八条 民办学校终止时，应当依法进行财务清算。

民办学校自己要求终止的，由民办学校组织清算；被审批机关依法撤销的，由审批机关组织清算；因资不抵债无法继续办学而被终止的，由人民法院组织清算。

第五十九条 对民办学校的财产按照下列顺序清偿：

（一）应退受教育者学费、杂费和其他费用；

（二）应发教职工的工资及应缴纳的社会保险费用；

（三）偿还其他债务。

非营利性民办学校清偿上述债务后的剩余财产继续用于其他非营利性学校办学；营利性民办学校清偿上述债务后的剩余财产，依照公司法的有关规定处理。

第六十条 终止的民办学校，由审批机关收回办学许可证和销毁印章，并注销登记。

第九章 法律责任

第六十一条 民办学校在教育活动中违反教育法、教师法规定的，依照教育法、教师法的有关规定给予处罚。

第六十二条 民办学校有下列行为之一的，由县级以上人民政府教育行政部门、人力资源社会保障行政部门或者其他有关部门责令限期改正，并予以警告；有违法所得的，退还所收费用后没收违法所得；情节严重的，责令停止招生、吊销办学许可证；构成犯罪的，依法追究刑事责任：

（一）擅自分立、合并民办学校的；

（二）擅自改变民办学校名称、层次、类别和举办者的；

（三）发布虚假招生简章或者广告，骗取钱财的；

（四）非法颁发或者伪造学历证书、结业证书、培训证书、职业资格证书的；

（五）管理混乱严重影响教育教学，产生恶劣社会影响的；

（六）提交虚假证明文件或者采取其他欺诈手段隐瞒重要事实骗取办学许可证的；

（七）伪造、变造、买卖、出租、出借办学许可证的；

（八）恶意终止办学、抽逃资金或者挪用办学经费的。

第六十三条 县级以上人民政府教育行政部门、人力资源社会保障行政部门或者其他有关部门有下列行为之一的，由上级机关责令其改正；情节严重的，对直接负责的主管人员和其他直接责任人员，依法给予处分；造成经济损失的，依法承担赔偿责任；构成犯罪的，依法追究刑事责任：

（一）已受理设立申请，逾期不予答复的；

（二）批准不符合本法规定条件申请的；

（三）疏于管理，造成严重后果的；

（四）违反国家有关规定收取费用的；

（五）侵犯民办学校合法权益的；

（六）其他滥用职权、徇私舞弊的。

第六十四条 违反国家有关规定擅自举办民办学校的，由所在地县级以上地方人民政府教育行政部门或者人力资源社会保障行政部门会同同级公安、民政或者市场监督管理等有关部门责令停止办学、退还所收费用，并对举办者处违法所得一倍以上五倍以下罚款；构成违反治安管理行为的，由公安机关依法给予治安管理处罚；构成犯罪的，依法追究刑事责任。

第十章　附　则

第六十五条　本法所称的民办学校包括依法举办的其他民办教育机构。

本法所称的校长包括其他民办教育机构的主要行政负责人。

第六十六条　境外的组织和个人在中国境内合作办学的办法，由国务院规定。

第六十七条　本法自2003年9月1日起施行。1997年7月31日国务院颁布的《社会力量办学条例》同时废止。

中华人民共和国民办教育促进法实施条例

（2004年3月5日中华人民共和国国务院令第399号公布　2021年4月7日中华人民共和国国务院令第741号修订）

第一章　总　则

第一条　根据《中华人民共和国民办教育促进法》（以下简称民办教育促进法），制定本条例。

第二条　国家机构以外的社会组织或者个人可以利用非国家财政性经费举办各级各类民办学校；但是，不得举办实施军事、警察、政治等特殊性质教育的民办学校。

民办教育促进法和本条例所称国家财政性经费，是指财政拨款、依法取得并应当上缴国库或者财政专户的财政性资金。

第三条　各级人民政府应当依法支持和规范社会力量举办民办教育，保障民办学校依法办学、自主管理，鼓励、引导民办学校提高质量、办出特色，满足多样化教育需求。

对于举办民办学校表现突出或者为发展民办教育事业做出突出贡献的社会组织或者个人，按照国家有关规定给予奖励和表彰。

第四条　民办学校应当坚持中国共产党的领导，坚持社会主义办学方向，坚持教育公益性，对受教育者加强社会主义核心价值观教育，落实立德树人根本任务。

民办学校中的中国共产党基层组织贯彻党的方针政策，依照法律、行政法规和国家有关规定参与学校重大决策并实施监督。

第二章　民办学校的设立

第五条　国家机构以外的社会组织或者个人可以单独或者联合举办民办学校。联合举办民办学校的，应当签订联合办学协议，明确合作方式、各方权利义务和争议解决方式等。

国家鼓励以捐资、设立基金会等方式依法举办民办学校。以捐资等方式举办民办学校，无举办者的，其办学过程中的举办者权责由发起人履行。

在中国境内设立的外商投资企业以及外方为实际控制人的社会组织不得举办、参与举办或者实际控制实施义务教育的民办学校；举办其他类型民办学校的，应当符合国家有关外商投资的规定。

第六条　举办民办学校的社会组织或者个人应当有良好的信用状况。举办民办学校可以用货币出资，也可以用实物、建设用地使用权、知识产权等可以用货币估价并可以依法转让的非货币财产作价出资；但是，法律、行政法规规定不得作为出资的财产除外。

第七条　实施义务教育的公办学校不得举办或者参与举办民办学校，也不得转为民办学校。其他公办学校不得举办或者参与举办营利性民办学校。但是，实施职业教育的公办学校可以吸引企业的资本、技术、管理等要素，举办或者参与举办实施职业教育的营利性民办学校。

公办学校举办或者参与举办民办学校，不得利用国家财政性经费，不得影响公办学校教学活动，不得仅以品牌输出方式参与办学，并应当经其主管部门批准。公办学校举办或者参与举办非营利性民办学校，不得以管理费等方式取得或者变相取得办学收益。

公办学校举办或者参与举办的民办学校应当具有独立的法人资格，具有与公办学校相分离的校园、基本教育教学设施和独立的专任教师队伍，按照国家统一的会计制度独立进行会计核算，独立招生，独立颁发学业证书。

举办或者参与举办民办学校的公办学校依法享有举办者权益，依法履行国有资产管理义务。

第八条　地方人民政府不得利用国有企业、公办教育资源举办或者参与举办实施义务教育的民办学校。

以国有资产参与举办民办学校的，应当根据国家有关国有资产监督管理的规定，聘请具有评估资格的中介机构依法进行评估，根据评估结果合理确定出资额，并报对该国有资产负有监管职责的机构备案。

第九条 国家鼓励企业以独资、合资、合作等方式依法举办或者参与举办实施职业教育的民办学校。

第十条 举办民办学校，应当按时、足额履行出资义务。民办学校存续期间，举办者不得抽逃出资，不得挪用办学经费。

举办者可以依法募集资金举办营利性民办学校，所募集资金应当主要用于办学，不得擅自改变用途，并按规定履行信息披露义务。民办学校及其举办者不得以赞助费等名目向学生、学生家长收取或者变相收取与入学关联的费用。

第十一条 举办者依法制定学校章程，负责推选民办学校首届理事会、董事会或者其他形式决策机构的组成人员。

举办者可以依据法律、法规和学校章程规定的程序和要求参加或者委派代表参加理事会、董事会或者其他形式决策机构，并依据学校章程规定的权限行使相应的决策权、管理权。

第十二条 民办学校举办者变更的，应当签订变更协议，但不得涉及学校的法人财产，也不得影响学校发展，不得损害师生权益；现有民办学校的举办者变更的，可以根据其依法享有的合法权益与继任举办者协议约定变更收益。

民办学校的举办者不再具备法定条件的，应当在6个月内向审批机关提出变更；逾期不变更的，由审批机关责令变更。

举办者为法人的，其控股股东和实际控制人应当符合法律、行政法规规定的举办民办学校的条件，控股股东和实际控制人变更的，应当报主管部门备案并公示。

举办者变更，符合法定条件的，审批机关应当在规定的期限内予以办理。

第十三条 同时举办或者实际控制多所民办学校的，举办者或者实际控制人应当具备与其所开展办学活动相适应的资金、人员、组织机构等条件与能力，并对所举办民办学校承担管理和监督职责。

同时举办或者实际控制多所民办学校的举办者或者实际控制人向所举办或者实际控制的民办学校提供教材、课程、技术支持等服务以及组织教育教学活动，应当符合国家有关规定并建立相应的质量标准和保障机制。

同时举办或者实际控制多所民办学校的，应当保障所举办或者实际控制的民办学校依法独立开展办学活动，存续期间所有资产由学校依法管理和使用；不得改变所举办或者实际控制的非营利性民办学校的性质，直接或者间接取得办学收益；也不得滥用市场支配地位，排除、限制竞争。

任何社会组织和个人不得通过兼并收购、协议控制等方式控制实施义务教育的民办学校、实施学前教育的非营利性民办学校。

第十四条 实施国家认可的教育考试、职业资格考试和职业技能等级考试等考试的机构，举办或者参与举办与其所实施的考试相关的民办学校应当符合国家有关规定。

第十五条 设立民办学校的审批权限，依照有关法律、法规的规定执行。

地方人民政府及其有关部门应当依法履行实施义务教育的职责。设立实施义务教育的民办学校，应当符合当地义务教育发展规划。

第十六条 国家鼓励民办学校利用互联网技术在线实施教育活动。

利用互联网技术在线实施教育活动应当符合国家互联网管理有关法律、行政法规的规定。利用互联网技术在线实施教育活动的民办学校应当取得相应的办学许可。

民办学校利用互联网技术在线实施教育活动，应当依法建立并落实互联网安全管理制度和安全保护技术措施，发现法律、行政法规禁止发布或者传输的信息的，应当立即停止传输，采取消除等处置措施，防止信息扩散，保存有关记录，并向有关主管部门报告。

外籍人员利用互联网技术在线实施教育活动，应当遵守教育和外国人在华工作管理等有关法律、行政法规的规定。

第十七条 民办学校的举办者在获得筹设批准书之日起3年内完成筹设的，可以提出正式设立申请。

民办学校在筹设期内不得招生。

第十八条 申请正式设立实施学历教育的民办学校的，审批机关受理申请后，应当组织专家委员会评议，由专家委员会提出咨询意见。

第十九条 民办学校的章程应当规定下列主要事项：

（一）学校的名称、住所、办学地址、法人属性；

（二）举办者的权利义务，举办者变更、权益转让的办法；

（三）办学宗旨、发展定位、层次、类型、规模、形式等；

（四）学校开办资金、注册资本，资产的来源、性质等；

（五）理事会、董事会或者其他形式决策机构和监督机构的产生方法、人员构成、任期、议事规则等；

（六）学校党组织负责人或者代表进入学校决策机构和监督机构的程序；

（七）学校的法定代表人；

（八）学校自行终止的事由，剩余资产处置的办法与程序；

（九）章程修改程序。

民办学校应当将章程向社会公示，修订章程应当事先公告，征求利益相关方意见。完成修订后，报主管部门备案或者核准。

第二十条 民办学校只能使用一个名称。

民办学校的名称应当符合有关法律、行政法规的规定，不得损害社会公共利益，不得含有可能引发歧义的文字或者含有可能误导公众的其他法人名称。营利性民办学校可以在学校牌匾、成绩单、毕业证书、结业证书、学位证书及相关证明、招生广告和简章上使用经审批机关批准的法人简称。

第二十一条 民办学校开办资金、注册资本应当与学校类型、层次、办学规模相适应。民办学校正式设立时，开办资金、注册资本应当缴足。

第二十二条 对批准正式设立的民办学校，审批机关应当颁发办学许可证，并向社会公告。

办学许可的期限应当与民办学校的办学层次和类型相适应。民办学校在许可期限内无违法违规行为的，有效期届满可以自动延续、换领新证。

民办学校办学许可证的管理办法由国务院教育行政部门、人力资源社会保障行政部门依据职责分工分别制定。

第二十三条 民办学校增设校区应当向审批机关申请地址变更；设立分校应当向分校所在地审批机关单独申请办学许可，并报原审批机关备案。

第二十四条 民办学校依照有关法律、行政法规的规定申请法人登记，登记机关应当依法予以办理。

第三章 民办学校的组织与活动

第二十五条 民办学校理事会、董事会或者其他形式决策机构的负责人应当具有中华人民共和国国籍，具有政治权利和完全民事行为能力，在中国境内定居，品行良好，无故意犯罪记录或者教育领域不良从业记录。

民办学校法定代表人应当由民办学校决策机构负责人或者校长担任。

第二十六条 民办学校的理事会、董事会或者其他形式决策机构应当由举办者或者其代表、校长、党组织负责人、教职工代表等共同组成。鼓励民办学校理事会、董事会或者其他形式决策机构吸收社会公众代表，根据需要设独立理事或者独立董事。实施义务教育的民办学校理事会、董事会或者其他形式决策机构组成人员应当具有中华人民共和国国籍，且应当有审批机关委派的代表。

民办学校的理事会、董事会或者其他形式决策机构每年至少召开2次会议。经1/3以上组成人员提议，可以召开理事会、董事会或者其他形式决策机构临时会议。讨论下列重大事项，应当经2/3以上组成人员同意方可通过：

（一）变更举办者；

（二）聘任、解聘校长；

（三）修改学校章程；

（四）制定发展规划；

（五）审核预算、决算；

（六）决定学校的分立、合并、终止；

（七）学校章程规定的其他重大事项。

第二十七条 民办学校应当设立监督机构。监督机构应当有党的基层组织代表，且教职工代表不少于1/3。教职工人数少于20人的民办学校可以只设1至2名监事。

监督机构依据国家有关规定和学校章程对学校办学行为进行监督。监督机构负责人或者监事应当列席学校决策机构会议。

理事会、董事会或者其他形式决策机构组成人员及其近亲属不得兼任、担任监督机构组成人员或者监事。

第二十八条 民办学校校长依法独立行使教育教学和行政管理职权。

民办学校内部组织机构的设置方案由校长提出，报理事会、董事会或者其他形式决策机构批准。

第二十九条 民办学校依照法律、行政法规和国家有关规定，自主开展教育教学活动；使用境外教材的，应当符合国家有关规定。

实施高等教育和中等职业技术学历教育的民办学校，可以按照办学宗旨和培养目标自主设置专业、开设课程、选用教材。

实施普通高中教育、义务教育的民办学校可以基于国家课程标准自主开设有特色的课程，实施教育教学创新，自主设置的课程应当报主管教育行政部门备案。实施义务教育的民办学校不得使用境外教材。

实施学前教育的民办学校开展保育和教育活动，应当遵循儿童身心发展规律，设置、开发以游戏、活动为主要形式的课程。

实施以职业技能为主的职业资格培训、职业技能培训的民办学校可以按照与培训专业（职业、工种）相对应的国家职业标准及相关职业培训要求开展培训活动，不得教唆、组织学员规避监管，以不正当手段获取职业资格证书、成绩证明等。

第三十条 民办学校应当按照招生简章或者招生广告的承诺，开设相应课程，开展教育教学活动，保证教育教学质量。

民办学校应当提供符合标准的校舍和教育教学设施设备。

第三十一条 实施学前教育、学历教育的民办学校享有与同级同类公办学校同等的招生权，可以在审批机关核定的办学规模内，自主确定招生的标准和方式，与公办学校同期招生。

实施义务教育的民办学校应当在审批机关管辖的区域内招生，纳入审批机关所在地统一管理。实施普通高中教育的民办学校应当主要在学校所在设区的市范围内招生，符合省、自治区、直辖市人民政府教育行政部门有关规定的可以跨区域招生。招收接受高等学历教育学生的应当遵守国家有关规定。

县级以上地方人民政府教育行政部门、人力资源社会保障行政部门应当为外地的民办学校在本地招生提供平等待遇，不得设置跨区域招生障碍实行地区封锁。

民办学校招收学生应当遵守招生规则，维护招生秩序，公开公平公正录取学生。实施义务教育的民办学校不得组织或者变相组织学科知识类入学考试，不得提前招生。

民办学校招收境外学生，按照国家有关规定执行。

第三十二条 实施高等学历教育的民办学校符合学位授予条件的，依照有关法律、行政法规的规定经审批同意后，可以获得相应的学位授予资格。

第四章　教师与受教育者

第三十三条 民办学校聘任的教师或者教学人员应当具备相应的教师资格或者其他相应的专业资格、资质。

民办学校应当有一定数量的专任教师；其中，实施学前教育、学历教育的民办学校应当按照国家有关规定配备专任教师。

鼓励民办学校创新教师聘任方式，利用信息技术等手段提高教学效率和水平。

第三十四条 民办学校自主招聘教师和其他工作人员，并应当与所招聘人员依法签订劳动或者聘用合同，明确双方的权利义务等。

民办学校聘任专任教师，在合同中除依法约定必备条款外，还应当对教师岗位及其职责要求、师德和业务考核办法、福利待遇、培训和继续教育等事项作出约定。

公办学校教师未经所在学校同意不得在民办学校兼职。

民办学校聘任外籍人员，按照国家有关规定执行。

第三十五条 民办学校应当建立教师培训制度，为受聘教师接受相应的思想政治培训和业务培训提供条件。

第三十六条 民办学校应当依法保障教职工待遇，按照学校登记的法人类型，按时足额支付工资，足额缴纳社会保险费和住房公积金。国家鼓励民办学校按照有关规定为教职工建立职业年金或者企业年金等补充养老保险。

实施学前教育、学历教育的民办学校应当从学费收入中提取一定比例建立专项资金或者基金，由学校管理，用于教职工职业激励或者增加待遇保障。

第三十七条 教育行政部门应当会同有关部门建立民办幼儿园、中小学专任教师劳动、聘用合同备案制度，建立统一档案，记录教师的教龄、工龄，在培训、考核、专业技术职务评聘、表彰奖励、权利保护等方面，统筹规划、统一管理，与公办幼儿园、中小学聘任的教师平等对待。

民办职业学校、高等学校按照国家有关规定自主开展教师专业技术职务评聘。

教育行政部门应当会同有关部门完善管理制度，保证教师在公办学校和民办学校之间的合理流动；指导和监督民办学校建立健全教职工代表大会制度。

第三十八条 实施学历教育的民办学校应当依法建立学籍和教学管理制度，并报主管部门备案。

第三十九条 民办学校及其教师、职员、受教育者申请政府设立的有关科研项目、课题等，享有与同级同类公办学校及其教师、职员、受教育者同等的权利。相关项目管理部门应当按规定及时足额拨付科研项目、课题资金。

各级人民政府应当保障民办学校的受教育者在升学、就业、社会优待、参加先进评选，以及获得助学贷款、奖助学金等国家资助等方面，享有与同级同类公办学校的受教育者同等的权利。

实施学历教育的民办学校应当建立学生资助、奖励制度，并按照不低于当地同级同类公办学校的标准，从学费收入中提取相应资金用于资助、奖励学生。

第四十条 教育行政部门、人力资源社会保障行政部门和其他有关部门，组织有关的评奖评优、文艺体育活动和课题、项目招标，应当为民办学校及其教师、职员、受教育者提供同等的机会。

第五章 民办学校的资产与财务管理

第四十一条 民办学校应当依照《中华人民共和国会计法》和国家统一的会计制度进行会计核算，编制财务会计报告。

第四十二条 民办学校应当建立办学成本核算制度，基于办学成本和市场需求等因素，遵循公平、合法和诚实信用原则，考虑经济效益与社会效益，合理确定收费项目和标准。对公办学校参与举办、使用国有资产或者接受政府生均经费补助的非营利性民办学校，省、自治区、直辖市人民政府可以对其收费制定最高限价。

第四十三条 民办学校资产中的国有资产的监督、管理，按照国家有关规定执行。

民办学校依法接受的捐赠财产的使用和管理，依照有关法律、行政法规执行。

第四十四条 非营利性民办学校收取费用、开展活动的资金往来，应当使用在有关主管部门备案的账户。有关主管部门应当对该账户实施监督。

营利性民办学校收入应当全部纳入学校开设的银行结算账户，办学结余分配应当在年度财务结算后进行。

第四十五条 实施义务教育的民办学校不得与利益关联方进行交易。其他民办学校与利益关联方进行交易的，应当遵循公开、公平、公允的原则，合理定价、规范决策，不得损害国家利益、学校利益和师生权益。

民办学校应当建立利益关联方交易的信息披露制度。教育、人力资源社会保障以及财政等有关部门应当加强对非营利性民办学校与利益关联方签订协议的监管，并按年度对关联交易进行审查。

前款所称利益关联方是指民办学校的举办者、实际控制人、校长、理事、董事、监事、财务负责人等以及与上述组织或者个人之间存在互相控制和影响关系、可能导致民办学校利益被转移的组织或者个人。

第四十六条　在每个会计年度结束时，民办学校应当委托会计师事务所对年度财务报告进行审计。非营利性民办学校应当从经审计的年度非限定性净资产增加额中，营利性民办学校应当从经审计的年度净收益中，按不低于年度非限定性净资产增加额或者净收益的10%的比例提取发展基金，用于学校的发展。

第六章　管理与监督

第四十七条　县级以上地方人民政府应当建立民办教育工作联席会议制度。教育、人力资源社会保障、民政、市场监督管理等部门应当根据职责会同有关部门建立民办学校年度检查和年度报告制度，健全日常监管机制。

教育行政部门、人力资源社会保障行政部门及有关部门应当建立民办学校信用档案和举办者、校长执业信用制度，对民办学校进行执法监督的情况和处罚、处理结果应当予以记录，由执法、监督人员签字后归档，并依法依规公开执法监督结果。相关信用档案和信用记录依法纳入全国信用信息共享平台、国家企业信用信息公示系统。

第四十八条　审批机关应当及时公开民办学校举办者情况、办学条件等审批信息。

教育行政部门、人力资源社会保障行政部门应当依据职责分工，定期组织或者委托第三方机构对民办学校的办学水平和教育质量进行评估，评估结果应当向社会公开。

第四十九条　教育行政部门及有关部门应当制定实施学前教育、学历教育民办学校的信息公示清单，监督民办学校定期向社会公开办学条件、教育质量等有关信息。

营利性民办学校应当通过全国信用信息共享平台、国家企业信用信息公示系统公示相关信息。

有关部门应当支持和鼓励民办学校依法建立行业组织，研究制定相应的质量标准，建立认证体系，制定推广反映行业规律和特色要求的合同示范文本。

第五十条 民办学校终止的，应当交回办学许可证，向登记机关办理注销登记，并向社会公告。

民办学校自己要求终止的，应当提前6个月发布拟终止公告，依法依章程制定终止方案。

民办学校无实际招生、办学行为的，办学许可证到期后自然废止，由审批机关予以公告。民办学校自行组织清算后，向登记机关办理注销登记。

对于因资不抵债无法继续办学而被终止的民办学校，应当向人民法院申请破产清算。

第五十一条 国务院教育督导机构及省、自治区、直辖市人民政府负责教育督导的机构应当对县级以上地方人民政府及其有关部门落实支持和规范民办教育发展法定职责的情况进行督导、检查。

县级以上人民政府负责教育督导的机构依法对民办学校进行督导并公布督导结果，建立民办中小学、幼儿园责任督学制度。

第七章 支持与奖励

第五十二条 各级人民政府及有关部门应当依法健全对民办学校的支持政策，优先扶持办学质量高、特色明显、社会效益显著的民办学校。

县级以上地方人民政府可以参照同级同类公办学校生均经费等相关经费标准和支持政策，对非营利性民办学校给予适当补助。

地方人民政府出租、转让闲置的国有资产应当优先扶持非营利性民办学校。

第五十三条 民办学校可以依法以捐赠者的姓名、名称命名学校的校舍或者其他教育教学设施、生活设施。捐赠者对民办学校发展做出特殊贡献的，实施高等学历教育的民办学校经国务院教育行政部门按照国家规定的条件批准，其他民办学校经省、自治区、直辖市人民政府教育行政部门或者人力资源社会保障行政部门按照国家规定的条件批准，可以以捐赠者的姓名或者名称作为学校校名。

第五十四条 民办学校享受国家规定的税收优惠政策；其中，非营利性民办学校享受与公办学校同等的税收优惠政策。

第五十五条 地方人民政府在制定闲置校园综合利用方案时，应当考虑当地民办教育发展需求。

新建、扩建非营利性民办学校，地方人民政府应当按照与公办学校同等原则，以划拨等方式给予用地优惠。

实施学前教育、学历教育的民办学校使用土地，地方人民政府可以依法以协议、招标、拍卖等方式供应土地，也可以采取长期租赁、先租后让、租让结合的方式供应土地，土地出让价款和租金可以在规定期限内按合同约定分期缴纳。

第五十六条 在西部地区、边远地区和少数民族地区举办的民办学校申请贷款用于学校自身发展的，享受国家相关的信贷优惠政策。

第五十七条 县级以上地方人民政府可以根据本行政区域的具体情况，设立民办教育发展专项资金，用于支持民办学校提高教育质量和办学水平、奖励举办者等。

国家鼓励社会力量依法设立民办教育发展方面的基金会或者专项基金，用于支持民办教育发展。

第五十八条 县级人民政府根据本行政区域实施学前教育、义务教育或者其他公共教育服务的需要，可以与民办学校签订协议，以购买服务等方式，委托其承担相应教育任务。

委托民办学校承担普惠性学前教育、义务教育或者其他公共教育任务的，应当根据当地相关教育阶段的委托协议，拨付相应的教育经费。

第五十九条 县级以上地方人民政府可以采取政府补贴、以奖代补等方式鼓励、支持非营利性民办学校保障教师待遇。

第六十条 国家鼓励、支持保险机构设立适合民办学校的保险产品，探索建立行业互助保险等机制，为民办学校重大事故处理、终止善后、教职工权益保障等事项提供风险保障。

金融机构可以在风险可控前提下开发适合民办学校特点的金融产品。民办学校可以以未来经营收入、知识产权等进行融资。

第六十一条 除民办教育促进法和本条例规定的支持与奖励措施外，省、自治区、直辖市人民政府还可以根据实际情况，制定本地区促进民办教育发展的支持与奖励措施。

各级人民政府及有关部门在对现有民办学校实施分类管理改革时，应当充分考虑有关历史和现实情况，保障受教育者、教职工和举办者的合法权益，确保民办学校分类管理改革平稳有序推进。

第八章 法律责任

第六十二条 民办学校举办者及实际控制人、决策机构或者监督机构组成人员有下列情形之一的，由县级以上人民政府教育行政部门、人力资源社会保障行政部门或者其他有关部门依据职责分工责令限期改正，有违法所得的，退还所收费用后没收违法所得；情节严重的，1至5年内不得新成为民办学校举办者或实际控制人、决策机构或者监督机构组成人员；情节特别严重、社会影响恶劣的，永久不得新成为民办学校举办者或实际控制人、决策机构或者监督机构组成人员；构成违反治安管理行为的，由公安机关依法给予治安管理处罚；构成犯罪的，依法追究刑事责任：

（一）利用办学非法集资，或者收取与入学关联的费用的；

（二）未按时、足额履行出资义务，或者抽逃出资、挪用办学经费的；

（三）侵占学校法人财产或者非法从学校获取利益的；

（四）与实施义务教育的民办学校进行关联交易，或者与其他民办学校进行关联交易损害国家利益、学校利益和师生权益的；

（五）伪造、变造、买卖、出租、出借办学许可证的；

（六）干扰学校办学秩序或者非法干预学校决策、管理的；

（七）擅自变更学校名称、层次、类型和举办者的；

（八）有其他危害学校稳定和安全、侵犯学校法人权利或者损害教职工、受教育者权益的行为的。

第六十三条 民办学校有下列情形之一的，依照民办教育促进法第六十二条规定给予处罚：

（一）违背国家教育方针，偏离社会主义办学方向，或者未保障学校党组织履行职责的；

（二）违反法律、行政法规和国家有关规定开展教育教学活动的；

（三）理事会、董事会或者其他形式决策机构未依法履行职责的；

（四）教学条件明显不能满足教学要求、教育教学质量低下，未及时采取措施的；

（五）校舍、其他教育教学设施设备存在重大安全隐患，未及时采取措施的；

（六）侵犯受教育者的合法权益，产生恶劣社会影响的；

（七）违反国家规定聘任、解聘教师，或者未依法保障教职工待遇的；

（八）违反规定招生，或者在招生过程中弄虚作假的；

（九）超出办学许可范围，擅自改变办学地址或者设立分校的；

（十）未依法履行公示办学条件和教育质量有关材料、财务状况等信息披露义务，或者公示的材料不真实的；

（十一）未按照国家统一的会计制度进行会计核算、编制财务会计报告，财务、资产管理混乱，或者违反法律、法规增加收费项目、提高收费标准的；

（十二）有其他管理混乱严重影响教育教学的行为的。

法律、行政法规对前款规定情形的处罚另有规定的，从其规定。

第六十四条 民办学校有民办教育促进法第六十二条或者本条例第六十三条规定的违法情形的，由县级以上人民政府教育行政部门、人力资源社会保障行政部门或者其他有关部门依据职责分工对学校决策机构负责人、校长及直接责任人予以警告；情节严重的，1至5年内不得新成为民办学校决策机构负责人或者校长；情节特别严重、社会影响恶劣的，永久不得新成为民办学校决策机构负责人或者校长。

同时举办或者实际控制多所民办学校的举办者或者实际控制人违反本条例规定，对所举办或者实际控制的民办学校疏于管理，造成恶劣影响的，由县级以上教育行政部门、人力资源社会保障行政部门或者其他有关部门依据职责分工责令限期整顿；拒不整改或者整改后仍发生同类问题的，1至5年内不得举办新的民办学校，情节严重的，10年内不得举办新的民办学校。

第六十五条　违反本条例规定举办、参与举办民办学校或者在民办学校筹设期内招生的，依照民办教育促进法第六十四条规定给予处罚。

第九章　附　则

第六十六条　本条例所称现有民办学校，是指2016年11月7日《全国人民代表大会常务委员会关于修改〈中华人民共和国民办教育促进法〉的决定》公布前设立的民办学校。

第六十七条　本条例规定的支持与奖励措施适用于中外合作办学机构。

第六十八条　本条例自2021年9月1日起施行。

社会团体登记管理条例

（1998年10月25日中华人民共和国国务院令第250号发布　根据2016年2月6日《国务院关于修改部分行政法规的决定》修订）

第一章　总　则

第一条　为了保障公民的结社自由，维护社会团体的合法权益，加强对社会团体的登记管理，促进社会主义物质文明、精神文明建设，制定本条例。

第二条　本条例所称社会团体，是指中国公民自愿组成，为实现会员共同意愿，按照其章程开展活动的非营利性社会组织。

国家机关以外的组织可以作为单位会员加入社会团体。

第三条　成立社会团体，应当经其业务主管单位审查同意，并依照本条例的规定进行登记。

社会团体应当具备法人条件。

下列团体不属于本条例规定登记的范围：

（一）参加中国人民政治协商会议的人民团体；

（二）由国务院机构编制管理机关核定，并经国务院批准免于登记的团体；

（三）机关、团体、企业事业单位内部经本单位批准成立、在本单位内部活动的团体。

第四条　社会团体必须遵守宪法、法律、法规和国家政策，不得反对宪法确定的基本原则，不得危害国家的统一、安全和民族的团结，不得损害国家利益、社会公共利益以及其他组织和公民的合法权益，不得违背社会道德风尚。

社会团体不得从事营利性经营活动。

第五条 国家保护社会团体依照法律、法规及其章程开展活动，任何组织和个人不得非法干涉。

第六条 国务院民政部门和县级以上地方各级人民政府民政部门是本级人民政府的社会团体登记管理机关（以下简称登记管理机关）。

国务院有关部门和县级以上地方各级人民政府有关部门、国务院或者县级以上地方各级人民政府授权的组织，是有关行业、学科或者业务范围内社会团体的业务主管单位（以下简称业务主管单位）。

法律、行政法规对社会团体的监督管理另有规定的，依照有关法律、行政法规的规定执行。

第二章　管　辖

第七条 全国性的社会团体，由国务院的登记管理机关负责登记管理；地方性的社会团体，由所在地人民政府的登记管理机关负责登记管理；跨行政区域的社会团体，由所跨行政区域的共同上一级人民政府的登记管理机关负责登记管理。

第八条 登记管理机关、业务主管单位与其管辖的社会团体的住所不在一地的，可以委托社会团体住所地的登记管理机关、业务主管单位负责委托范围内的监督管理工作。

第三章　成立登记

第九条 申请成立社会团体，应当经其业务主管单位审查同意，由发起人向登记管理机关申请登记。

筹备期间不得开展筹备以外的活动。

第十条 成立社会团体，应当具备下列条件：

（一）有50个以上的个人会员或者30个以上的单位会员；个人会员、单位会员混合组成的，会员总数不得少于50个；

（二）有规范的名称和相应的组织机构；

（三）有固定的住所；

（四）有与其业务活动相适应的专职工作人员；

（五）有合法的资产和经费来源，全国性的社会团体有10万元以上活动资金，地方性的社会团体和跨行政区域的社会团体有3万元以上活动资金；

（六）有独立承担民事责任的能力。

社会团体的名称应当符合法律、法规的规定，不得违背社会道德风尚。社会团体的名称应当与其业务范围、成员分布、活动地域相一致，准确反映其特征。全国性的社会团体的名称冠以“中国”、“全国”、“中华”等字样的，应当按照国家有关规定经过批准，地方性的社会团体的名称不得冠以“中国”、“全国”、“中华”等字样。

第十一条 申请登记社会团体，发起人应当向登记管理机关提交下列文件：

（一）登记申请书；

（二）业务主管单位的批准文件；

（三）验资报告、场所使用权证明；

（四）发起人和拟任负责人的基本情况、身份证明；

（五）章程草案。

第十二条 登记管理机关应当自收到本条例第十一条所列全部有效文件之日起60日内，作出准予或者不予登记的决定。准予登记的，发给《社会团体法人登记证书》；不予登记的，应当向发起人说明理由。

社会团体登记事项包括：名称、住所、宗旨、业务范围、活动地域、法定代表人、活动资金和业务主管单位。

社会团体的法定代表人，不得同时担任其他社会团体的法定代表人。

第十三条 有下列情形之一的，登记管理机关不予登记：

（一）有根据证明申请登记的社会团体的宗旨、业务范围不符合本条例第四条的规定的；

（二）在同一行政区域内已有业务范围相同或者相似的社会团体，没有必要成立的；

（三）发起人、拟任负责人正在或者曾经受到剥夺政治权利的刑事处罚，或者不具有完全民事行为能力的；

（四）在申请登记时弄虚作假的；

（五）有法律、行政法规禁止的其他情形的。

第十四条　社会团体的章程应当包括下列事项：

（一）名称、住所；

（二）宗旨、业务范围和活动地域；

（三）会员资格及其权利、义务；

（四）民主的组织管理制度，执行机构的产生程序；

（五）负责人的条件和产生、罢免的程序；

（六）资产管理和使用的原则；

（七）章程的修改程序；

（八）终止程序和终止后资产的处理；

（九）应当由章程规定的其他事项。

第十五条　依照法律规定，自批准成立之日起即具有法人资格的社会团体，应当自批准成立之日起60日内向登记管理机关提交批准文件，申领《社会团体法人登记证书》。登记管理机关自收到文件之日起30日内发给《社会团体法人登记证书》。

第十六条　社会团体凭《社会团体法人登记证书》申请刻制印章，开立银行账户。社会团体应当将印章式样和银行账号报登记管理机关备案。

第十七条　社会团体的分支机构、代表机构是社会团体的组成部分，不具有法人资格，应当按照其所属于的社会团体的章程所规定的宗旨和业务范围，在该社会团体授权的范围内开展活动、发展会员。社会团体的分支机构不得再设立分支机构。

社会团体不得设立地域性的分支机构。

第四章　变更登记、注销登记

第十八条　社会团体的登记事项需要变更的，应当自业务主管单位审查同意之日起30日内，向登记管理机关申请变更登记。

社会团体修改章程，应当自业务主管单位审查同意之日起30日内，报登记管理机关核准。

第十九条　社会团体有下列情形之一的，应当在业务主管单位审查同意后，向登记管理机关申请注销登记：

（一）完成社会团体章程规定的宗旨的；

（二）自行解散的；

（三）分立、合并的；

（四）由于其他原因终止的。

第二十条　社会团体在办理注销登记前，应当在业务主管单位及其他有关机关的指导下，成立清算组织，完成清算工作。清算期间，社会团体不得开展清算以外的活动。

第二十一条　社会团体应当自清算结束之日起15日内向登记管理机关办理注销登记。办理注销登记，应当提交法定代表人签署的注销登记申请书、业务主管单位的审查文件和清算报告书。

登记管理机关准予注销登记的，发给注销证明文件，收缴该社会团体的登记证书、印章和财务凭证。

第二十二条　社会团体处分注销后的剩余财产，按照国家有关规定办理。

第二十三条　社会团体成立、注销或者变更名称、住所、法定代表人，由登记管理机关予以公告。

第五章　监督管理

第二十四条　登记管理机关履行下列监督管理职责：

（一）负责社会团体的成立、变更、注销的登记；

（二）对社会团体实施年度检查；

（三）对社会团体违反本条例的问题进行监督检查，对社会团体违反本条例的行为给予行政处罚。

第二十五条 业务主管单位履行下列监督管理职责：

（一）负责社会团体成立登记、变更登记、注销登记前的审查；

（二）监督、指导社会团体遵守宪法、法律、法规和国家政策，依据其章程开展活动；

（三）负责社会团体年度检查的初审；

（四）协助登记管理机关和其他有关部门查处社会团体的违法行为；

（五）会同有关机关指导社会团体的清算事宜。

业务主管单位履行前款规定的职责，不得向社会团体收取费用。

第二十六条 社会团体的资产来源必须合法，任何单位和个人不得侵占、私分或者挪用社会团体的资产。

社会团体的经费，以及开展章程规定的活动按照国家有关规定所取得的合法收入，必须用于章程规定的业务活动，不得在会员中分配。

社会团体接受捐赠、资助，必须符合章程规定的宗旨和业务范围，必须根据与捐赠人、资助人约定的期限、方式和合法用途使用。社会团体应当向业务主管单位报告接受、使用捐赠、资助的有关情况，并应当将有关情况以适当方式向社会公布。

社会团体专职工作人员的工资和保险福利待遇，参照国家对事业单位的有关规定执行。

第二十七条 社会团体必须执行国家规定的财务管理制度，接受财政部门的监督；资产来源属于国家拨款或者社会捐赠、资助的，还应当接受审计机关的监督。

社会团体在换届或者更换法定代表人之前，登记管理机关、业务主管单位应当组织对其进行财务审计。

第二十八条 社会团体应当于每年3月31日前向业务主管单位报送上一年度的工作报告，经业务主管单位初审同意后，于5月31日前报送登记管理机关，接受年度检查。工作报告的内容包括：本社会团体遵守法律法规和国家政策的情况、依照本条例履行登记手续的情况、按照章程开展活动的情况、人员和机构变动的情况以及财务管理的情况。

对于依照本条例第十五条的规定发给《社会团体法人登记证书》的社会团体，登记管理机关对其应当简化年度检查的内容。

第六章　罚　则

第二十九条　社会团体在申请登记时弄虚作假，骗取登记的，或者自取得《社会团体法人登记证书》之日起1年未开展活动的，由登记管理机关予以撤销登记。

第三十条　社会团体有下列情形之一的，由登记管理机关给予警告，责令改正，可以限期停止活动，并可以责令撤换直接负责的主管人员；情节严重的，予以撤销登记；构成犯罪的，依法追究刑事责任：

（一）涂改、出租、出借《社会团体法人登记证书》，或者出租、出借社会团体印章的；

（二）超出章程规定的宗旨和业务范围进行活动的；

（三）拒不接受或者不按照规定接受监督检查的；

（四）不按照规定办理变更登记的；

（五）违反规定设立分支机构、代表机构，或者对分支机构、代表机构疏于管理，造成严重后果的；

（六）从事营利性的经营活动的；

（七）侵占、私分、挪用社会团体资产或者所接受的捐赠、资助的；

（八）违反国家有关规定收取费用、筹集资金或者接受、使用捐赠、资助的。

前款规定的行为有违法经营额或者违法所得的，予以没收，可以并处违法经营额1倍以上3倍以下或者违法所得3倍以上5倍以下的罚款。

第三十一条　社会团体的活动违反其他法律、法规的，由有关国家机关依法处理；有关国家机关认为应当撤销登记的，由登记管理机关撤销登记。

第三十二条　筹备期间开展筹备以外的活动，或者未经登记，擅自以社会团体名义进行活动，以及被撤销登记的社会团体继续以社会团体名义进行活动的，由登记管理机关予以取缔，没收非法财产；构成犯罪的，依法追究刑事责任；尚不构成犯罪的，依法给予治安管理处罚。

第三十三条 社会团体被责令限期停止活动的，由登记管理机关封存《社会团体法人登记证书》、印章和财务凭证。

社会团体被撤销登记的，由登记管理机关收缴《社会团体法人登记证书》和印章。

第三十四条 登记管理机关、业务主管单位的工作人员滥用职权、徇私舞弊、玩忽职守构成犯罪的，依法追究刑事责任；尚不构成犯罪的，依法给予行政处分。

第七章 附 则

第三十五条 《社会团体法人登记证书》的式样由国务院民政部门制定。

对社会团体进行年度检查不得收取费用。

第三十六条 本条例施行前已经成立的社会团体，应当自本条例施行之日起1年内依照本条例有关规定申请重新登记。

第三十七条 本条例自发布之日起施行。1989年10月25日国务院发布的《社会团体登记管理条例》同时废止。

基金会管理条例

（2004年2月11日国务院第39次常务会议通过　2004年3月8日中华人民共和国国务院令第400号公布　自2004年6月1日起施行）

第一章　总　则

第一条　为了规范基金会的组织和活动，维护基金会、捐赠人和受益人的合法权益，促进社会力量参与公益事业，制定本条例。

第二条　本条例所称基金会，是指利用自然人、法人或者其他组织捐赠的财产，以从事公益事业为目的，按照本条例的规定成立的非营利性法人。

第三条　基金会分为面向公众募捐的基金会（以下简称公募基金会）和不得面向公众募捐的基金会（以下简称非公募基金会）。公募基金会按照募捐的地域范围，分为全国性公募基金会和地方性公募基金会。

第四条　基金会必须遵守宪法、法律、法规、规章和国家政策，不得危害国家安全、统一和民族团结，不得违背社会公德。

第五条　基金会依照章程从事公益活动，应当遵循公开、透明的原则。

第六条　国务院民政部门和省、自治区、直辖市人民政府民政部门是基金会的登记管理机关。

国务院民政部门负责下列基金会、基金会代表机构的登记管理工作：

（一）全国性公募基金会；

（二）拟由非内地居民担任法定代表人的基金会；

（三）原始基金超过2000万元，发起人向国务院民政部门提出设立申请的非公募基金会；

（四）境外基金会在中国内地设立的代表机构。

省、自治区、直辖市人民政府民政部门负责本行政区域内地方性公募基金会和不属于前款规定情况的非公募基金会的登记管理工作。

第七条 国务院有关部门或者国务院授权的组织，是国务院民政部门登记的基金会、境外基金会代表机构的业务主管单位。

省、自治区、直辖市人民政府有关部门或者省、自治区、直辖市人民政府授权的组织，是省、自治区、直辖市人民政府民政部门登记的基金会的业务主管单位。

第二章 设立、变更和注销

第八条 设立基金会，应当具备下列条件：

（一）为特定的公益目的而设立；

（二）全国性公募基金会的原始基金不低于800万元人民币，地方性公募基金会的原始基金不低于400万元人民币，非公募基金会的原始基金不低于200万元人民币；原始基金必须为到账货币资金；

（三）有规范的名称、章程、组织机构以及与其开展活动相适应的专职工作人员；

（四）有固定的住所；

（五）能够独立承担民事责任。

第九条 申请设立基金会，申请人应当向登记管理机关提交下列文件：

（一）申请书；

（二）章程草案；

（三）验资证明和住所证明；

（四）理事名单、身份证明以及拟任理事长、副理事长、秘书长简历；

（五）业务主管单位同意设立的文件。

第十条 基金会章程必须明确基金会的公益性质，不得规定使特定自然人、法人或者其他组织受益的内容。

基金会章程应当载明下列事项：

（一）名称及住所；

（二）设立宗旨和公益活动的业务范围；

（三）原始基金数额；

（四）理事会的组成、职权和议事规则，理事的资格、产生程序和任期；

（五）法定代表人的职责；

（六）监事的职责、资格、产生程序和任期；

（七）财务会计报告的编制、审定制度；

（八）财产的管理、使用制度；

（九）基金会的终止条件、程序和终止后财产的处理。

第十一条 登记管理机关应当自收到本条例第九条所列全部有效文件之日起60日内，作出准予或者不予登记的决定。准予登记的，发给《基金会法人登记证书》；不予登记的，应当书面说明理由。

基金会设立登记的事项包括：名称、住所、类型、宗旨、公益活动的业务范围、原始基金数额和法定代表人。

第十二条 基金会拟设立分支机构、代表机构的，应当向原登记管理机关提出登记申请，并提交拟设机构的名称、住所和负责人等情况的文件。

登记管理机关应当自收到前款所列全部有效文件之日起60日内作出准予或者不予登记的决定。准予登记的，发给《基金会分支（代表）机构登记证书》；不予登记的，应当书面说明理由。

基金会分支机构、基金会代表机构设立登记的事项包括：名称、住所、公益活动的业务范围和负责人。

基金会分支机构、基金会代表机构依据基金会的授权开展活动，不具有法人资格。

第十三条 境外基金会在中国内地设立代表机构，应当经有关业务主管单位同意后，向登记管理机关提交下列文件：

（一）申请书；

（二）基金会在境外依法登记成立的证明和基金会章程；

（三）拟设代表机构负责人身份证明及简历；

（四）住所证明；

（五）业务主管单位同意在中国内地设立代表机构的文件。

登记管理机关应当自收到前款所列全部有效文件之日起60日内，作出准予或者不予登记的决定。准予登记的，发给《境外基金会代表机构登记证书》；不予登记的，应当书面说明理由。

境外基金会代表机构设立登记的事项包括：名称、住所、公益活动的业务范围和负责人。

境外基金会代表机构应当从事符合中国公益事业性质的公益活动。境外基金会对其在中国内地代表机构的民事行为，依照中国法律承担民事责任。

第十四条 基金会、境外基金会代表机构依照本条例登记后，应当依法办理税务登记。

基金会、境外基金会代表机构，凭登记证书依法申请组织机构代码、刻制印章、开立银行账户。

基金会、境外基金会代表机构应当将组织机构代码、印章式样、银行账号以及税务登记证件复印件报登记管理机关备案。

第十五条 基金会、基金会分支机构、基金会代表机构和境外基金会代表机构的登记事项需要变更的，应当向登记管理机关申请变更登记。

基金会修改章程，应当征得其业务主管单位的同意，并报登记管理机关核准。

第十六条 基金会、境外基金会代表机构有下列情形之一的，应当向登记管理机关申请注销登记：

（一）按照章程规定终止的；

（二）无法按照章程规定的宗旨继续从事公益活动的；

（三）由于其他原因终止的。

第十七条 基金会撤销其分支机构、代表机构的，应当向登记管理机关办理分支机构、代表机构的注销登记。

基金会注销的，其分支机构、代表机构同时注销。

第十八条 基金会在办理注销登记前，应当在登记管理机关、业务主管单位的指导下成立清算组织，完成清算工作。

基金会应当自清算结束之日起15日内向登记管理机关办理注销登记；在清算期间不得开展清算以外的活动。

第十九条 基金会、基金会分支机构、基金会代表机构以及境外基金会代表机构的设立、变更、注销登记，由登记管理机关向社会公告。

第三章 组织机构

第二十条 基金会设理事会，理事为5人至25人，理事任期由章程规定，但每届任期不得超过5年。理事任期届满，连选可以连任。

用私人财产设立的非公募基金会，相互间有近亲属关系的基金会理事，总数不得超过理事总人数的1/3；其他基金会，具有近亲属关系的不得同时在理事会任职。

在基金会领取报酬的理事不得超过理事总人数的1/3。

理事会设理事长、副理事长和秘书长，从理事中选举产生，理事长是基金会的法定代表人。

第二十一条 理事会是基金会的决策机构，依法行使章程规定的职权。

理事会每年至少召开2次会议。理事会会议须有2/3以上理事出席方能召开；理事会决议须经出席理事过半数通过方为有效。

下列重要事项的决议，须经出席理事表决，2/3以上通过方为有效：

（一）章程的修改；

（二）选举或者罢免理事长、副理事长、秘书长；

（三）章程规定的重大募捐、投资活动；

（四）基金会的分立、合并。

理事会会议应当制作会议记录，并由出席理事审阅、签名。

第二十二条 基金会设监事。监事任期与理事任期相同。理事、理事的近亲属和基金会财会人员不得兼任监事。

监事依照章程规定的程序检查基金会财务和会计资料，监督理事会遵守法律和章程的情况。

监事列席理事会会议，有权向理事会提出质询和建议，并应当向登记管理机关、业务主管单位以及税务、会计主管部门反映情况。

第二十三条 基金会理事长、副理事长和秘书长不得由现职国家工作人员兼任。基金会的法定代表人，不得同时担任其他组织的法定代表人。公募基金会和原始基金来自中国内地的非公募基金会的法定代表人，应当由内地居民担任。

因犯罪被判处管制、拘役或者有期徒刑，刑期执行完毕之日起未逾5年的，因犯罪被判处剥夺政治权利正在执行期间或者曾经被判处剥夺政治权利的，以及曾在因违法被撤销登记的基金会担任理事长、副理事长或者秘书长，且对该基金会的违法行为负有个人责任，自该基金会被撤销之日起未逾5年的，不得担任基金会的理事长、副理事长或者秘书长。

基金会理事遇有个人利益与基金会利益关联时，不得参与相关事宜的决策；基金会理事、监事及其近亲属不得与其所在的基金会有任何交易行为。

监事和未在基金会担任专职工作的理事不得从基金会获取报酬。

第二十四条 担任基金会理事长、副理事长或者秘书长的香港居民、澳门居民、台湾居民、外国人以及境外基金会代表机构的负责人，每年在中国内地居留时间不得少于3个月。

第四章 财产的管理和使用

第二十五条 基金会组织募捐、接受捐赠，应当符合章程规定的宗旨和公益活动的业务范围。境外基金会代表机构不得在中国境内组织募捐、接受捐赠。

公募基金会组织募捐，应当向社会公布募得资金后拟开展的公益活动和资金的详细使用计划。

第二十六条 基金会及其捐赠人、受益人依照法律、行政法规的规定享受税收优惠。

第二十七条 基金会的财产及其他收入受法律保护，任何单位和个人不得私分、侵占、挪用。

基金会应当根据章程规定的宗旨和公益活动的业务范围使用其财产；捐赠协议明确了具体使用方式的捐赠，根据捐赠协议的约定使用。

接受捐赠的物资无法用于符合其宗旨的用途时，基金会可以依法拍卖或者变卖，所得收入用于捐赠目的。

第二十八条 基金会应当按照合法、安全、有效的原则实现基金的保值、增值。

第二十九条 公募基金会每年用于从事章程规定的公益事业支出，不得低于上一年总收入的70%；非公募基金会每年用于从事章程规定的公益事业支出，不得低于上一年基金余额的8%。

基金会工作人员工资福利和行政办公支出不得超过当年总支出的10%。

第三十条 基金会开展公益资助项目，应当向社会公布所开展的公益资助项目种类以及申请、评审程序。

第三十一条 基金会可以与受助人签订协议，约定资助方式、资助数额以及资金用途和使用方式。

基金会有权对资助的使用情况进行监督。受助人未按协议约定使用资助或者有其他违反协议情形的，基金会有权解除资助协议。

第三十二条 基金会应当执行国家统一的会计制度，依法进行会计核算、建立健全内部会计监督制度。

第三十三条 基金会注销后的剩余财产应当按照章程的规定用于公益目的；无法按照章程规定处理的，由登记管理机关组织捐赠给与该基金会性质、宗旨相同的社会公益组织，并向社会公告。

第五章 监督管理

第三十四条 基金会登记管理机关履行下列监督管理职责：

（一）对基金会、境外基金会代表机构实施年度检查；

（二）对基金会、境外基金会代表机构依照本条例及其章程开展活动的情况进行日常监督管理；

（三）对基金会、境外基金会代表机构违反本条例的行为依法进行处罚。

第三十五条 基金会业务主管单位履行下列监督管理职责：

（一）指导、监督基金会、境外基金会代表机构依据法律和章程开展公益活动；

（二）负责基金会、境外基金会代表机构年度检查的初审；

（三）配合登记管理机关、其他执法部门查处基金会、境外基金会代表机构的违法行为。

第三十六条 基金会、境外基金会代表机构应当于每年3月31日前向登记管理机关报送上一年度工作报告，接受年度检查。年度工作报告在报送登记管理机关前应当经业务主管单位审查同意。

年度工作报告应当包括：财务会计报告、注册会计师审计报告，开展募捐、接受捐赠、提供资助等活动的情况以及人员和机构的变动情况等。

第三十七条 基金会应当接受税务、会计主管部门依法实施的税务监督和会计监督。

基金会在换届和更换法定代表人之前，应当进行财务审计。

第三十八条 基金会、境外基金会代表机构应当在通过登记管理机关的年度检查后，将年度工作报告在登记管理机关指定的媒体上公布，接受社会公众的查询、监督。

第三十九条 捐赠人有权向基金会查询捐赠财产的使用、管理情况，并提出意见和建议。对于捐赠人的查询，基金会应当及时如实答复。

基金会违反捐赠协议使用捐赠财产的，捐赠人有权要求基金会遵守捐赠协议或者向人民法院申请撤销捐赠行为、解除捐赠协议。

第六章　法律责任

第四十条 未经登记或者被撤销登记后以基金会、基金会分支机构、基金会代表机构或者境外基金会代表机构名义开展活动的，由登记管理机关予以取缔，没收非法财产并向社会公告。

第四十一条 基金会、基金会分支机构、基金会代表机构或者境外基金会代表机构有下列情形之一的，登记管理机关应当撤销登记：

（一）在申请登记时弄虚作假骗取登记的，或者自取得登记证书之日起12个月内未按章程规定开展活动的；

（二）符合注销条件，不按照本条例的规定办理注销登记仍继续开展活动的。

第四十二条 基金会、基金会分支机构、基金会代表机构或者境外基金会代表机构有下列情形之一的，由登记管理机关给予警告、责令停止活动；情节严重的，可以撤销登记：

（一）未按照章程规定的宗旨和公益活动的业务范围进行活动的；

（二）在填制会计凭证、登记会计账簿、编制财务会计报告中弄虚作假的；

（三）不按照规定办理变更登记的；

（四）未按照本条例的规定完成公益事业支出额度的；

（五）未按照本条例的规定接受年度检查，或者年度检查不合格的；

（六）不履行信息公布义务或者公布虚假信息的。

基金会、境外基金会代表机构有前款所列行为的，登记管理机关应当提请税务机关责令补交违法行为存续期间所享受的税收减免。

第四十三条 基金会理事会违反本条例和章程规定决策不当，致使基金会遭受财产损失的，参与决策的理事应当承担相应的赔偿责任。

基金会理事、监事以及专职工作人员私分、侵占、挪用基金会财产的，应当退还非法占用的财产；构成犯罪的，依法追究刑事责任。

第四十四条 基金会、境外基金会代表机构被责令停止活动的，由登记管理机关封存其登记证书、印章和财务凭证。

第四十五条 登记管理机关、业务主管单位工作人员滥用职权、玩忽职守、徇私舞弊，构成犯罪的，依法追究刑事责任；尚不构成犯罪的，依法给予行政处分或者纪律处分。

第七章 附 则

第四十六条 本条例所称境外基金会，是指在外国以及中华人民共和国香港特别行政区、澳门特别行政区和台湾地区合法成立的基金会。

第四十七条 基金会设立申请书、基金会年度工作报告的格式以及基金会章程范本，由国务院民政部门制订。

第四十八条 本条例自2004年6月1日起施行，1988年9月27日国务院发布的《基金会管理办法》同时废止。

本条例施行前已经设立的基金会、境外基金会代表机构，应当自本条例施行之日起6个月内，按照本条例的规定申请换发登记证书。

民办非企业单位登记管理暂行条例

（1998年9月25日国务院第8次常务会议通过　1998年10月25日中华人民共和国国务院令第251号发布　自发布之日起施行）

第一章　总　则

第一条　为了规范民办非企业单位的登记管理，保障民办非企业单位的合法权益，促进社会主义物质文明、精神文明建设，制定本条例。

第二条　本条例所称民办非企业单位，是指企业事业单位、社会团体和其他社会力量以及公民个人利用非国有资产举办的，从事非营利性社会服务活动的社会组织。

第三条　成立民办非企业单位，应当经其业务主管单位审查同意，并依照本条例的规定登记。

第四条　民办非企业单位应当遵守宪法、法律、法规和国家政策，不得反对宪法确定的基本原则，不得危害国家的统一、安全和民族的团结，不得损害国家利益、社会公共利益以及其他社会组织和公民的合法权益，不得违背社会道德风尚。

民办非企业单位不得从事营利性经营活动。

第五条　国务院民政部门和县级以上地方各级人民政府民政部门是本级人民政府的民办非企业单位登记管理机关（以下简称登记管理机关）。

国务院有关部门和县级以上地方各级人民政府的有关部门、国务院或者县级以上地方各级人民政府授权的组织，是有关行业、业务范围内民办非企业单位的业务主管单位（以下简称业务主管单位）。

法律、行政法规对民办非企业单位的监督管理另有规定的，依照有关法律、行政法规的规定执行。

第二章 管 辖

第六条 登记管理机关负责同级业务主管单位审查同意的民办非企业单位的登记管理。

第七条 登记管理机关、业务主管单位与其管辖的民办非企业单位的住所不在一地的，可以委托民办非企业单位住所地的登记管理机关、业务主管单位负责委托范围内的监督管理工作。

第三章 登 记

第八条 申请登记民办非企业单位，应当具备下列条件：

（一）经业务主管单位审查同意；

（二）有规范的名称、必要的组织机构；

（三）有与其业务活动相适应的从业人员；

（四）有与其业务活动相适应的合法财产；

（五）有必要的场所。

民办非企业单位的名称应当符合国务院民政部门的规定，不得冠以“中国”、“全国”、“中华”等字样。

第九条 申请民办非企业单位登记，举办者应当向登记管理机关提交下列文件：

（一）登记申请书；

（二）业务主管单位的批准文件；

（三）场所使用权证明；

（四）验资报告；

（五）拟任负责人的基本情况、身份证明；

（六）章程草案。

第十条 民办非企业单位的章程应当包括下列事项：

（一）名称、住所；

（二）宗旨和业务范围；

（三）组织管理制度；

（四）法定代表人或者负责人的产生、罢免的程序；

（五）资产管理和使用的原则；

（六）章程的修改程序；

（七）终止程序和终止后资产的处理；

（八）需要由章程规定的其他事项。

第十一条 登记管理机关应当自收到成立登记申请的全部有效文件之日起60日内作出准予登记或者不予登记的决定。

有下列情形之一的，登记管理机关不予登记，并向申请人说明理由：

（一）有根据证明申请登记的民办非企业单位的宗旨、业务范围不符合本条例第四条规定的；

（二）在申请成立时弄虚作假的；

（三）在同一行政区域内已有业务范围相同或者相似的民办非企业单位，没有必要成立的；

（四）拟任负责人正在或者曾经受到剥夺政治权利的刑事处罚，或者不具有完全民事行为能力的；

（五）有法律、行政法规禁止的其他情形的。

第十二条 准予登记的民办非企业单位，由登记管理机关登记民办非企业单位的名称、住所、宗旨和业务范围、法定代表人或者负责人、开办资金、业务主管单位，并根据其依法承担民事责任的不同方式，分别发给《民办非企业单位（法人）登记证书》、《民办非企业单位（合伙）登记证书》、《民办非企业单位（个体）登记证书》。

依照法律、其他行政法规规定，经有关主管部门依法审核或者登记，已经取得相应的执业许可证书的民办非企业单位，登记管理机关应当简化登记手续，凭有关主管部门出具的执业许可证明文件，发给相应的民办非企业单位登记证书。

第十三条 民办非企业单位不得设立分支机构。

第十四条 民办非企业单位凭登记证书申请刻制印章，开立银行帐户。民办非企业单位应当将印章式样、银行帐号报登记管理机关备案。

第十五条 民办非企业单位的登记事项需要变更的，应当自业务主管单位审查同意之日起30日内，向登记管理机关申请变更登记。

民办非企业单位修改章程，应当自业务主管单位审查同意之日起30日内，报登记管理机关核准。

第十六条 民办非企业单位自行解散的，分立、合并的，或者由于其他原因需要注销登记的，应当向登记管理机关办理注销登记。

民办非企业单位在办理注销登记前，应当在业务主管单位和其他有关机关的指导下，成立清算组织，完成清算工作。清算期间，民办非企业单位不得开展清算以外的活动。

第十七条 民办非企业单位法定代表人或者负责人应当自完成清算之日起15日内，向登记管理机关办理注销登记。办理注销登记，须提交注销登记申请书、业务主管单位的审查文件和清算报告。

登记管理机关准予注销登记的，发给注销证明文件，收缴登记证书、印章和财务凭证。

第十八条 民办非企业单位成立、注销以及变更名称、住所、法定代表人或者负责人，由登记管理机关予以公告。

第四章 监督管理

第十九条 登记管理机关履行下列监督管理职责：

（一）负责民办非企业单位的成立、变更、注销登记；

（二）对民办非企业单位实施年度检查；

（三）对民办非企业单位违反本条例的问题进行监督检查，对民办非企业单位违反本条例的行为给予行政处罚。

第二十条 业务主管单位履行下列监督管理职责：

（一）负责民办非企业单位成立、变更、注销登记前的审查；

（二）监督、指导民办非企业单位遵守宪法、法律、法规和国家政策，按照章程开展活动；

（三）负责民办非企业单位年度检查的初审；

（四）协助登记管理机关和其他有关部门查处民办非企业单位的违法行为；

（五）会同有关机关指导民办非企业单位的清算事宜。

业务主管单位履行前款规定的职责，不得向民办非企业单位收取费用。

第二十一条　民办非企业单位的资产来源必须合法，任何单位和个人不得侵占、私分或者挪用民办非企业单位的资产。

民办非企业单位开展章程规定的活动，按照国家有关规定取得的合法收入，必须用于章程规定的业务活动。

民办非企业单位接受捐赠、资助，必须符合章程规定的宗旨和业务范围，必须根据与捐赠人、资助人约定的期限、方式和合法用途使用。民办非企业单位应当向业务主管单位报告接受、使用捐赠、资助的有关情况，并应当将有关情况以适当方式向社会公布。

第二十二条　民办非企业单位必须执行国家规定的财务管理制度，接受财政部门的监督；资产来源属于国家资助或者社会捐赠、资助的，还应当接受审计机关的监督。

民办非企业单位变更法定代表人或者负责人，登记管理机关、业务主管单位应当组织对其进行财务审计。

第二十三条　民办非企业单位应当于每年3月31日前向业务主管单位报送上一年度的工作报告，经业务主管单位初审同意后，于5月31日前报送登记管理机关，接受年度检查。工作报告内容包括：本民办非企业单位遵守法律法规和国家政策的情况、依照本条例履行登记手续的情况、按照章程开展活动的情况、人员和机构变动的情况以及财务管理的情况。

对于依照本条例第十二条第二款的规定发给登记证书的民办非企业单位，登记管理机关对其应当简化年度检查的内容。

第五章　罚　则

第二十四条　民办非企业单位在申请登记时弄虚作假，骗取登记的，或者业务主管单位撤销批准的，由登记管理机关予以撤销登记。

第二十五条　民办非企业单位有下列情形之一的，由登记管理机关予以警告，责令改正，可以限期停止活动；情节严重的，予以撤销登记；构成犯罪的，依法追究刑事责任：

（一）涂改、出租、出借民办非企业单位登记证书，或者出租、出借民办非企业单位印章的；

（二）超出其章程规定的宗旨和业务范围进行活动的；

（三）拒不接受或者不按照规定接受监督检查的；

（四）不按照规定办理变更登记的；

（五）设立分支机构的；

（六）从事营利性的经营活动的；

（七）侵占、私分、挪用民办非企业单位的资产或者所接受的捐赠、资助的；

（八）违反国家有关规定收取费用、筹集资金或者接受使用捐赠、资助的。

前款规定的行为有违法经营额或者违法所得的，予以没收，可以并处违法经营额1倍以上3倍以下或者违法所得3倍以上5倍以下的罚款。

第二十六条　民办非企业单位的活动违反其他法律、法规的，由有关国家机关依法处理；有关国家机关认为应当撤销登记的，由登记管理机关撤销登记。

第二十七条　未经登记，擅自以民办非企业单位名义进行活动的，或者被撤销登记的民办非企业单位继续以民办非企业单位名义进行活动的，由登记管理机关予以取缔，没收非法财产；构成犯罪的，依法追究刑事责任；尚不构成犯罪的，依法给予治安管理处罚。

第二十八条　民办非企业单位被限期停止活动的，由登记管理机关封存其登记证书、印章和财务凭证。

民办非企业单位被撤销登记的，由登记管理机关收缴登记证书和印章。

第二十九条 登记管理机关、业务主管单位的工作人员滥用职权、徇私舞弊、玩忽职守构成犯罪的，依法追究刑事责任；尚不构成犯罪的，依法给予行政处分。

第六章 附 则

第三十条 民办非企业单位登记证书的式样由国务院民政部门制定。

对民办非企业单位进行年度检查不得收取费用。

第三十一条 本条例施行前已经成立的民办非企业单位，应当自本条例实施之日起1年内依照本条例有关规定申请登记。

第三十二条 本条例自发布之日起施行。